경부고속도로 건설 가
(1969. 2. 1~1970. 7. 7

※ 공구명 숫자는 준공순

경인고속도로
양평동~가좌(23.4km) 1968. 12. 21 개통

가좌
(종점)
양평동
(시점)
서울
인천
이수교(시점)
양재톨게이트
달이재(달래내)고개
수원

1. 수원공구
서울~수원(24km) 1968. 12. 21 개통
수원~오산(21.5km) 1968. 12. 30 개통

오산

2. 천안공구(1)
오산~천안(38.1km) 1969. 9. 29 개통

천안

3. 천안공구(2)-대전공구(1)
천안~대전(68.8km) 1969. 12. 10 개통

몽단이

대전
대전육교
금강휴게소
모금리
금강2·3·4교-당재육교-당재터널
추풍령휴게소

4. 영천공구-언양
대구~부산(122.8km
1969. 12. 29 개통

5. 대전공구(2)-황간공구-왜관공구
대전~대구(152.8km) 1970. 7. 7 개통
경부고속도로 428km 전 구간 준공

봉산동
신평동
팔당동
낙동강교
대구
월산리

동래(종점)
부산

한라산 횡단도로
(5·16도로, 제1횡단
제주~서귀포 43kr

제주
성산
한림

제주일주도로 포장
동회선(성산 경유)·서회선(한림 경유) 181km

서귀포

박정희와 고속도로

길에서 길을 찾다

박정희와 고속도로

금수재 지음

기파랑

일러두기

이 책에 실린 사진들은 필자가 한국도로공사에서 역사서 편찬, 역사 자료 관리, 경부고속도로 사료 취재 등을 맡아 하면서 훗날의 '숙제'를 위해 손수 촬영하거나 입수하여 보관한 것들, 건설 영웅들을 인터뷰하며 제공받은 것들, 기타 집필중 국가기록원, 박정희대통령기념도서관 등 관련기관의 홈페이지에서 확보한 것들입니다. 취재 경로와 제공 인물이 다양한 까닭에 제공자, 저작권자, 출처 등을 일일이 기재하지 못한 점 널리 혜량 바랍니다.

누구에게나 숙제(宿題)는 있다. 주어진 것이 있고, 스스로 챙긴 것이 있다. 전자는 시기적으로 제한이 있는 경우가 대부분이니 급박하게 해결해야 하는 과제에 가깝고, 후자는 강제하는 이가 없으니 시간을 두고 생각하다가 기회가 되면 풀어내 보겠다는 다짐에 가깝다.

전자를 풀어내기도 버거운 현실에, 후자를 굳이 끄집어낸 까닭은 엉킨 실타래 같은 시국과 깊은 관계가 있다. 왜곡되고 부풀려진 어처구니없는 이야기들이 대명천지를 물들이고 있는 게 아닌가. 참으로 안타까운 세태에 분노하던 어느 날, 더 늦기 전에 해야 할 일을 떠올렸다. 이 책을 쓰기로 마음을 먹고는 이왕 내친 김에 제대로 해봐야겠다는 생각에 서재에서 가장 자신 있는 분야의 자료들을 한편으로 모았다.

필자는 고속도로, 특히 경부고속도로에 대한 애정이 깊다. 강산이 두 번 반쯤 변할 동안 한국도로공사에 근무하면서 역사서 편찬, 역사자료 관리, 그리고 관련 글쓰기에 여러 차례 참여했기 때문이다. 게다가 경부고속도로에 대한 역사 취재, 참여자 인터뷰, 다큐멘터리 제작 등을 언론매체에서 요청해 올 때마다 취재 진행을 돕는 일이 잦았다. 그러다 보니 백영훈, 윤영호, 박찬표, 방동식, 김성남, 심완식… 등등이 책에서 거명되는 산업 영웅들을 만날 기회가 많을 수밖에 없었다. 숭고한 경부고속도로 대역사의 생생한 이야기들을 들을 때마다 앞서 밝힌 숙제의 무게는 더해만 갔다.

필자가 경부고속도로와 관련해서 스스로 챙긴 숙제는 여럿이지만, 가장 앞서 풀어내고자 한 것은 두 가지다. 경부고속도로 건설 구상의 연원과, 박정희 대통령이 꿈꾼 고속도로다.

박정희 대통령이 경부고속도로를 건설해야겠다는 결심을 굳힌 계기를 적은 여러 기록을 보면 '서독 방문이었을 것'이라는 추측을 정설로 삼고 있다. 그리고 당시 박정희 대통령을 지근거리에서 모셨던 비서실장들(이후락, 김정렴) 또한 "경부고속도로 건설 계획을 공표하기 수년 전부터 구상하고 있었던 것으로만 알고 있다"고 증언하고 있다.

이로써 숙제가 풀렸으면 이 책은 발간되지 않았다. 필자의 생각은 다르기 때문이다. 먼저, 경부고속도로 건설 구상의 연원은 서독 방문, 즉 아우토반이 아니다. 다음, 박정희 대통령이 꿈꾼 고속도로는 원대한 큰 그림의 시작이고 편린이었다.

이러한 관점에서 필자가 오랫동안 적어 남겼던 아래 두 문장을 단초로 해서 글쓰기를 시작하려고 한다.

고속도로 건설 구상의 연원을 직접 확인해 보려던 취재자의 의도가 실천에 옮겨지기 직전에 위대한 구상자는 영원히 입을 다물었으므로 우리의 추적은 여기서 길을 잃고 말았다. (한국도로공사 고속도로십년사편찬위원회, 『땀과 눈물의 대서사시: 고속도로건설 비화』, 1980)

박정희 대통령이 고속도로를 건설한 것은 통행료에만 의지해서 운영하라는 뜻이 아닙니다. 고속도로를 근간으로 해서 (…). (백영훈, 한국도로공사40년사 편찬위원회 인터뷰 구술, 2008)

책을 집필한다는 것은 지루하고 힘든 작업이다. '목적'을 가진 이들의 모략과 질시가 이어지는 상황에서는 더욱 그렇다. 어쩌면 절실하다고는 느끼지만, 피하고 싶은 마음이 클 것이라는 생각이다. 그래서 "한 민족의 위대한 발전은 항상 그 시의에 알맞은 결단과 용기에서 이룩되는 것"이라는 그의 일성이 마음에 깊이 박히는지도 모른다.

더더욱 가슴아픈 현실은, 열악하기 그지없던 1960년대에 수없이 많은 고난과 역경을 이겨 내며 대한민국의 오늘이 있게 한 산업 역군, 아니, 산업 영웅들의 가슴 절절한 이야기들이 중고책방의 낡은 서가 한편에서 뽀얀 먼지에 쌓여 묻히고 있다는 사실이다. 휘황찬란하게 꾸며진 대형 서점은 물론이고, 동네 서점에서조차도 그들의 행적을 찾아내기는 너무도 어려운 일이 돼 버렸다. 심지어 정보의 바다라고 일컬어지는 인터넷에서조차도 눈에 불을 켜지 않고는 매한가지인 상황이다.

이 책을 지은 이유가 여기에 있다. 세상이 외면하더라도 어느 한곳에서는, 누군가는 '그 숭고한 역사'를 찾아 기록하고 전해야 한다는 '산업화 수혜자'로서의 생각. 필자는 그들이 일궈 낸 풍요에 항상 감사하고 있으니 그렇다. 그리고 그렇게 해야만 먼 훗날까지 오롯이 전해질 수 있지 않을까 하는 '역사에 관심 깊은 작가'로서의 생각. 필자는 경부고속도로의 역사와 대한민국의 성장사가 궤를 같이한다고 판단하고 있으니 그렇다.

이 책에는 많은 인물이 등장한다. 그리고 그들의 전설 같은 이야기는 필자가 이런저런 계기로 만났던 산업 영웅들의 구술, 여러 서적에서 찾아낸 기록, 그리고 그들이 집필한 회고록 등을 바탕으로 막전막후 상황에 맞춰 이해하기 쉽게 풀어서 적었다. 이런 방식을 택한 이유는 필자가 현장에서 겪고, 보고, 들은 사실을 그대로 적은 '회고록'이 아니기 때문이다. 그리고 또 한 가지는 너무나도 소중한 역사를 감히 '창작'해서는 안 된다는 판단 때문이기도 하다. 이 책에 등장하는 인물은 모두 실명이며, 업적 또한 기술한 바와 같다. 그 한 분한 분이 우리가 감사해야만 하고, 영원히 잊지 말아야만 할 산업 영웅인 것이다.

모쪼록 이 책으로 해서 박정희 대통령, 그리고 그와 함께 한 시대를 훌륭하게 꾸렸던 이들에 대한 연구와 집필의 의지가 북돋워지기를 바라 마지않는다. 아울러 그 싹이 여기저기 돋아나고 퍼져서, 그들의 참모습과 거룩한 발자취가 널리널리 알려졌으면 하는 마음 간절하다.

2021년 3월
금수재

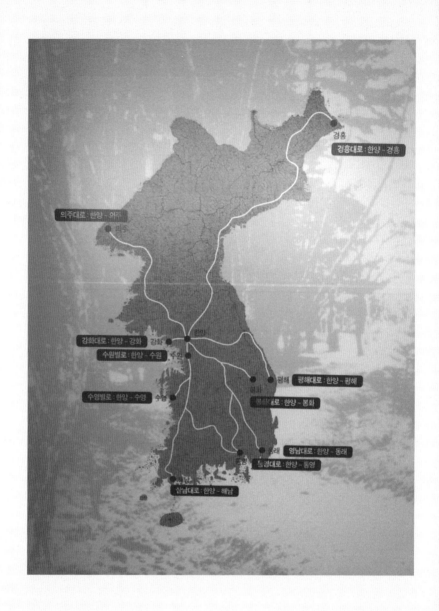

조선시대의 도로망

대제국의 길

태고(太古)에 길이 열렸다. 그리고 누군가에 의해 선택된 그 길에, 다른 그리고 또 다른 누군가가 뒤따랐다. 길은 그렇게 만들어지고, 늘려지고, 넓혀졌다.

길의 사전적 정의는 '차, 우마(牛馬), 사람 등이 한곳에서 다른 곳으로 오갈 수 있게 만들어진 땅 위의 선'이다. 길은 우연히 만들어진 것이 아니라, 필요에 의해 만든 인공 시설이다. 그래서 루쉰(魯迅)은 말했다.

"본래부터 길이 있었던 것이 아니다. 많은 사람이 걸어 다니면서 길이 된다."

그렇게 사람은 길을 만들었고 그 길을 통해 역사는 이어졌고, 모든 역사는 길을 통해 이뤄졌다. 문명의 흥망과 문화의 성쇠는 길을 여는 열정과 맥을 같이해 왔다. 길에 열중하면 흥성했고, 길에 소홀하면 쇠망했다. 길이야말로 인간을 풍요롭게 하는 가장 큰 힘이다.

최초의 길

역사 이전에는 구태여 힘을 들여 길을 내지는 않았다. 길이 그리 필요하지도 않았고, 그럴 만한 기술도 없었다. 길은 야생 동물이 이동하거나 원시인들이 사냥을 다니면서 자연스럽게 만들어진 통로에 불과한 원시적인 형태를 오랫동안 벗어나지 못했다.

수렵과 채취에 안주했던 인류가 토지를 경작해 작물을 재배하는 농업에 눈을 뜬다. 청동기 시대라 일컬어지는 이 시기에 농업이 발달한다. 물산이 풍요로우니 서로 나누는 교역이 활발해진다. 마차와 같은 이동 수단이 등장하고, 산물을 보다 편하게 옮길 수 있는 통로, 즉 길이 만들어진다. 높은 곳은 파서 깎아내리고, 낮은 곳은 덮어 메우고, 무른 곳은 다독여 굳히고⋯. '만든 길'의 역사는 이렇게 시작된다.

문자로 기록한 역사가 시작되고, 기원전 700년경에 이르러 고대 도시 아시리아와 바빌론 등지에서 진보된 길이 등장한다. 구운 벽돌과 다듬은 돌을 이용해 신전이나 왕궁으로 가는 길을 매끈하게 닦아 낸다. 장거리 교역로도 만들어진다. 페르시아의 수사로부터 흑해, 터키, 카이로까지 이어지는 '페르시아 왕도(王道)'가 그것이다. 북유럽에서 생산된 호박(琥珀)과 주석이 '호박로'를 통해 지중해 연안에서 팔린다.

"시작은 미약했으나 끝은 창대하리라."

길의 시작은 아주 미약했지만 그동안 열어 온 길은 참으로 위대했고, 앞으로 열어 갈 길은 더욱 창대할 것이다.

로마의 핏줄 아피아 가도

"모든 길은 로마로 통한다(All roads lead to Rome)."

이탈리아반도의 작은 도시국가에 불과했던 로마가 거대한 제국으로 성장할 수 있었던 배경에 길이 있었다. 알프스를 넘고 지중해를 건너 유럽, 아프리카, 아시아로까지 세력을 넓힌 로마는 길로 인해 번영했다.

로마를 대표하는 길이 세계 최초의 포장도로 '아피아 가도'다. 기원전 312년 정치가 아피우스 클라우디우스 카이쿠스에 의해 건설되기 시작해 반세기나 걸려 완성한 길이 563킬로미터, 너비 8미터의 이 길은 로마가 대제국으로 발돋움하는 데 가장 견고한 토대였다.

아피아 가도는 당시까지 존재하던 길들과는 차원이 다른 인공 포장도로였다. 땅을 파서 자갈을 채워 넣고 그 위를 넓은 박석으로 덮었다. 길의 가운데 부분을 볼록하게 돋워 물이 잘 빠지도록 하고 길 양옆에는 배수로와 더 바깥에 보조 공간도 두었다. 자갈과 돌로 덮은 두께가 1미터나 되어 수세기를 견뎠고, 2,300년이나 지난 지금도 일부가 남아 있다.

견고한 아피아 가도를 가진 로마는 이탈리아반도를 통일하고 그리스까지 세력을 넓혔다. 기원전 1세기 율리우스 카이사르(시저) 때는

로마의 번영을 이끈, 세계 최초의 포장도로 아피아 가도

오늘날 프랑스와 독일에 해당하는 지역까지 아피아 가도가 이어졌고, 이후 여세를 몰아 북유럽, 스페인, 아프리카, 아시아까지 뻗어나간다. 이렇게 연장된 아피아 가도는 29개 노선에 8만 킬로미터와 지선 7만 킬로미터를 합해 총연장 15만 킬로미터에 달한다. 로마를 중심으로 제국 전체를 거미줄처럼 연결하는 아피아 가도는 곳곳의 물산을 로마로, 로마로 모으며 오늘날의 고속도로와 같은 역할을 수행하면서 로마의 초고속 성장을 이끌었다. 훗날 아피아 가도는 유럽 도로 건설의 표준이 됐고, 여러 나라들이 아피아 가도를 본받아 길을 만들었다.

비단길로 어우러진 동과 서

고대 중국에도 제국의 곳곳을 잇는 길이 열려 있었다.

사마천의 『사기(史記)』에는 문무백관을 이끌고 전국 순행을 떠나는 진시황(秦始皇)과 그 화려한 장관을 먼발치에서 바라보던 항우(項羽)와 유방(劉邦)의 읊조림을 묘사한 구절이 있다. 중국 역사상 가장 용맹한 장수로 칭해지는 항우는 "저놈의 자리를 내가 빼앗겠다"고 했고, 훗날 항우를 무찌르고 천하를 재통일하는 유방은 "사내대장부라면 저 정도는 돼야지!" 했다.

처음으로 중국대륙을 통일한 진시황은 무엇보다 앞서서 광활한 대륙을 사통팔달로 연결하는 통로를 열었으며, 그 도로를 이용해 천하를 순수했다. 진시황은 통일한 다음해부터 병사하기까지 10년 동안 모두 다섯 차례 순행길에 오르는데, 이는 정복지의 백성에게 황제의 위엄을 과시함으로써 통치의 기반을 공고히 하려는 정치적 의도가 컸다. 특히 진시황은 순행 중에 자신의 정치적인 성공을 천지에 고하는 봉선(封禪)을 산둥성의 태산(泰山)에서 치렀다. 국가적인 제전으로 진시황이 처음 시작한 봉선은 이후 한나라의 무제, 후한의 광무제와 장제, 당나라의 고종과 현종, 송나라의 진종, 청나라의 강희제 등이 이어 갔다. 황제의 권위를 과시하는 이 봉선 제전 또한 잘 닦여진 도로가 있었기에 가능한 일이었음은 물론이다.

진·한보다 아득한 이전부터 중국에서 서쪽 사막을 건너 인도와 소아시아까지 뻗어 나간 실크로드(비단길)는 개척되고 있었다. 후한 시대인 1~2세기에 동쪽으로 만리장성, 남쪽으로 상하이에 이르고, 서쪽으로는 로마의 도로와 연결돼 스페인의 카디스까지 이어지는 실크로드의 전체 거리는 1만 2,800킬로미터에 달했다. 실크로드는 동서양의 문물을 나르는 교통로이자 소통로였다.

사람은 길을 만들고, 길은 역사를 만든다

길과 역사는 공동운명체다. 탄탄대로를 앞세워 번영했던 로마가 몰락하면서 아피아 가도 역시 쇠락의 길을 걷는다. 아피아 가도와 이를 모방한 유럽의 길들은 기능을 상실한다. 유럽의 경제와 문화는 천년 가까운 암흑시대에 빠진다. 교통이 막히니 소통이 안 되는 것이다.

1100년경 상업이 다시 고개를 들기 시작하고 1500년경 르네상스를 맞으며 유럽은 다시 일어선다. 마차를 비롯한 교통수단이 따라서 발달하고, 길을 늘리고 넓히는 과정이 거듭된다.

18세기 중엽 영국에서 시작된 산업혁명으로 길은 다시 도약기를 맞는다. 경제와 문화가 크게 부흥하고 공산품 생산이 늘어나면서 교역량이 급증하게 되니 자연히 길이 중요해졌다.

19세기의 주요 교통수단은 마차였다. 도로포장에 박석 대신 잘게 부순 쇄석(碎石)을 이용하는 '매캐덤 공법'이 영국에서 개발되었다. 쇄석으로 다진 길은 마차 바퀴가 진흙에 빠지지 않게 해 주고 빗물도 잘 스며들어 곧 유럽 전역으로 퍼져나가고 신대륙 미국에까지 전파되었다.

'필요는 발명의 어머니'라는 것은 길에서도 예외가 아니다. 내연기관을 탑재한 자동차가 등장하고 빠른 속도로 성능이 개선되면서, 시대는 그에 걸맞게 고속 주행에 적합한 새로운 길을 계속해서 요구했다. 1854년 프랑스 파리에 처음으로 아스팔트로 덮은 근대적 포장도로가 등장한다. 1865년 스코틀랜드에서는 시멘트로 포장된 길도 선보인다. 그러다가 괄목상대, 1932년 독일에서 길의 혁명이 일어난다. 세계 최초의 고속도로, 아우토반의 등장이다.

자동차전용도로 아우토반은 자동차를 뜻하는 '아우토(Auto)'와 띠를 뜻하는 '반(Bahn)'의 합성어다. 1932년 쾰른과 본을 연결하는 아우토반이 최초로 완공되었고, 이듬해 히틀러가 집권하면서 건설에 박차를 가해 독일은 6년 만에 3천 킬로미터에 달하는 고속도로망을 구축해 낸다. 아우토반은 유럽 각국의 도로와 연결되며 독일의 경제력을 획기적으로 성장시키는 견인차 역할을 톡톡히 해낸다.

그리고 인류의 이동혁명을 이끈 증기기관차가 등장한다. 증기기관차는 프랑스의 퀴뇨, 영국의 머독과 트레비식 등 여럿이 길을 열었는데, 상업용으로 그 가치를 극대화 사람은 영국의 스티븐슨이다. 1829년 스티븐슨이 제작한 '로켓'호가 세상에 선보이고, 1830년 세계 최초의 장거리 철도인 리버풀~맨체스터 철도가 완공되면서 이동혁명은 곧 산업혁명으로 이어진다. 영국에서 시작된 산업혁명의 파도는 전 세계로 퍼지고, 1840년대 이후에는 프랑스·독일·미국 등 세계 각국에서 철도 붐이 일어난다. 이후 철도는 점차적으로 마차와 운하를 대체하며 지배적인 교통수단으로 자리매김하게 된다.

한반도의 길

"인천에서 서울까지는 하루 낮이 걸린다. 네 사람의 교군이 멘 가마 한 채가 지나는데도 양쪽 인가의 처마에 걸려 애를 먹기가 일쑤였다. 도로의 폭은 겨우 1미터 내외에 불과했고, 논둑 밭둑을 지나는 길고 꼬불꼬불한 돌멩이투성이 길이다."

1894년 조선 각지를 돌아보고 돌아간 영국인 이사벨라 비숍 (Isabella Bird Bishop) 의 견문록 『조선과 이웃 나라들 (Korea and Far East Neighbors)』 의 한 구절이다.

비숍의 증언처럼 구한말까지 우리나라의 도로 사정은 실로 보잘것 없었다. 유럽은 물론이고 세계 여러 나라가 도로를 넓히고 늘리며 번 영으로 치달아 가는 동안, 조선은 도로 건설에 소극적인 태도로 일관한 결과였다.

최초의 도로들

우리 역사에서 가장 오래된 인공적 도로는 한성 백제의 풍납토성 내부에 있는 도로라고 알려져 있다. 3세기에 축조된 것으로 추정되는 이 도로는 6세기 사비(부여)와 신라 왕경(경주)에 조성된 도로를 200년 이나 앞선 것이다. 한성 시대 후기에 주거지가 늘어나면서 많이 없어지고 여기저기 구덩이가 생겨 지금은 온전한 형태로 남아 있지 않다.

도로 개척에 관해 남아 있는 가장 오랜 기록은 『삼국사기』에 나온다.

> 아달라이사금. 3년, 여름 4월. 계립령 길을 뚫다.
> 阿達羅尼師今. 三年, 夏四月. 開鷄立嶺路. (『삼국사기·신라본기』)

아달라이사금은 신라 제8대 임금이다. 서기 156년 개척된 계립령이 바로 문헌상 '제1호 고갯길'이다. 계립령은 계립현·마목령이라고도 하며, 지금 충북 충주시 수안보면 미륵리와 경북 문경시 문경읍 관음리를 잇는 고개다. 2년 뒤인 158년에는 역시 소백산맥을 넘는 죽령길도 개척된다(『삼국사기·신라본기』 아달라이사금 5년).

나제동맹에 밀려 한강 유역을 내줘야 했던 고구려가 6세기 말 영양왕대에 이르러 잃어버린 땅을 회복하기 위해 다시 남하한다. 이때 선봉에 선 장수가 '바보 온달' 설화로 잘 알려진 온달인데, 그가 왕에게 올린 출사표에도 계립령과 죽령길이 언급된다.

계립현과 죽령 서쪽의 땅을 우리에게 귀속시키지 못하면 돌아오지 않을 것입니다.

鷄立峴竹嶺以西不歸於我, 則不返也. (『삼국사기·열전』 온달)

고구려 마지막 임금 보장왕이 훗날 신라의 무열왕이 되는 김춘추에게 전한 서신에도 비슷한 내용이 담겨 있다.

마목현과 죽령은 본래 우리 땅이니, 돌려주지 않으면 돌아갈 수 없다.

麻木峴與竹嶺本我國地. 若不拔還, 則不得歸. (『삼국사기·열전』 김유신 상)

이후 조령(문경새재)을 비롯해 여러 길이 생긴다. 하지만 고려시대를 거쳐 조선시대에 접어들기까지 중앙과 지방을 연결하는 교통수단은 파발이었기 때문에 이를 위한 역도(驛道)만 조성됐을 뿐, 제대로 된 도로는 나타나지 않는다.

'반(反) 도로'로 일관한 조선

조선 중기 두 번의 왜란과 두 번의 호란으로 온 나라가 초토화되다시피 했다. 그러잖아도 수천 번에 이르는 크고 작은 외침(外侵)에 시달려 온 나라. 닦아 놓은 길을 따라 적군이 손쉽게 침입한다는 생각 때문에 "길을 닦는 것은 곧 망국에 이르는 길"이라며 도로는 철저하게 외면당한다. 조정은 물론이고 양반, 백성 가릴 것 없이 길을 내지 않는 게 오히려 안전하다고 굳게 믿는다.

조선 숙종 때 함경도관찰사 남구만(南九萬)이 후주(厚州, 지금 평안북도 후창군)에 설치한 진과 이어지는 도로를 만들도록 윤허해 달라는 상소를 올린다. 숙종의 답변은 이랬다.

"길을 닦는 일은 병가(兵家)가 지극히 꺼리는 바이다(治道兵家之大忌)"(신경준申景濬, 『도로고道路考』, 1770).

도로에 대한 통치자의 인식이 이러했으니 더 이상 무슨 설명이 필요할까?

드물지만 눈여겨볼 기록도 있다. 정조가 1795년 화성(수원)에 있는 아버지 장조(사도세자) 능행을 마치고 한양으로 돌아오는 광경을 그린 〈환어행렬도(還御行列圖)〉다. 대소 신료와 병사, 나인(內人) 등 6천여 명이 수행하고 말 1,400여 필이 동원된 대규모 행렬을 그린 이 그림에는 상당한 폭의 도로가 함께 묘사돼 있다. 당시 도로의 규모와 상태를 가늠케 해 주는 그림이지만 여기 그려진 도로의 모습은 예외적인 경우이고, 화성에서 한양까지 이어지는 길 모두가 그런 것은 아니었다.

그러나 조선 후기로 접어들며 길을 닦는 일에 나라가 앞장서야 한다고 주장하는 사람들이 나타난다.

"사회의 전반적인 개혁과 함께 과학과 상업을 숭상해 국부를 쌓아야 한다. 도로망 구축이 시급하다."

흔히 북학파(北學派)라 불리는 홍대용·박지원·박제가 등 선각자들의 목소리는 그러나 제대로 된 반향을 만나지 못했다. 물론 중앙집권 국가였으므로 전국의 도로망이 서울을 중심으로 방사상으로 퍼져 있어 모든 길은 서울로 통하고 있었다. 하지만 그뿐이었고, 지역과 지역을 잇는 도로망은 거의 없었다고 해도 지나치지 않다.

구한말까지 우리의 도로 사정은 비숍이 보고 쓴 그대로 형편없는 상황이었다. 제정 러시아 재무부가 발간한 『코리아』라는 책도 "도로에 관한 한 이 세상에서 가장 뒤떨어진 나라가 코리아다. 수 세기에 이르는 동안 단 한 번도 개량한 바가 없다"고 증언한다.

우리의 길 문화는 개항 이후 새로운 전환점을 맞는다. 개화의 물결 속에 외국 문물을 접하고 돌아온 소수 지식인들이 도로 건설의 필요성을 강조하고 나선 것이다.

그 무렵 치도(治道) 문제를 적극적으로 주장하고 실제로 가장 큰 영향을 끼친 사람이 김옥균(金玉均)이다.

"나라의 부강은 산업 개발에 있고, 산업 개발은 치도가 선행돼야 한다."

1882년 일본을 다녀온 김옥균의 주장이다. 김옥균은 1884년에는 『한성순보』에 「치도약론(治道略論)」이라는 논설을 발표해 여론 형성에 나선다. 드디어 1896년 「법규유편(法規類編)」이라는 도로 규정이 내부(內部)령으로 공포되는 등 도로 관련 법제가 따로 성문화되기도 한다. 하지만 이러한 움직임들 역시 그다지 빛을 발하지 못하고 구한말의 혼란스러운 시대 흐름 속에 묻혀 버리고 말았다.

낙후한 국내 도로망은 기술과 상업을 천시하는 사농공상(士農工商) 관념과 맞물려 조선의 발전을 가로막는 크나큰 걸림돌이 되었다. 외침이 빈번할 때는 변방으로 통하는 길을 단단히 막았고, 외세가 밀려들 때는 나라의 문을 굳게 걸어 잠갔다. 그럴수록 국력은 쇠잔해

(위) 구한말 한양의 도로 모습
(아래) 일제가 닦은 신작로

갔고, 열강에 휘둘린 끝에 결국은 일본 제국주의 앞에 무릎을 꿇고 말았다.

현대사의 질곡, 길의 질곡

우리 역사에서 행정에 치도 개념이 도입되고 도로 개발에 대한 정책이 펼쳐진 때는 1900년대를 넘어서면서부터다. 이때까지 우리의 도로는 비숍의 증언처럼 우마차도 지나가기 힘든 상황이었다. 좁고 불결하고, 조금만 비가 와도 길은 잠기고, 곳곳이 파헤쳐지고 끊어졌다. 도로 상황도 대부분 좁고 불결했다.

그러다 1906년을 전후하여 처음으로 도로에 대한 정책이 나온다. 도시 지역의 도로를 정비하기 위한 「가로관리규칙(街路管理規則)」이 나온 데 이어, 우리나라 최초의 치도계획이라 할 수 있는 「7개년 도로개수계획」이 수립된다. 이에 따라 신설·개수된 도로가 바로 '신작로'다. 드디어 우리나라에 근대적인 도로가 생긴 것이다.

신작로는 뼈저린 역사의 한 장면이기도 하다. 그것은 장차 1910년 우리나라를 병탄하게 될 일제가 식민지 지배를 확고히 하고 경제적 수탈을 늘리기 위한 사전 준비였기 때문이다. 즉, 이때의 도로 사업은 1905년 12월에 설치한 일제 통감부의 보호정치라는 미명 아래 일방적으로 시행된 침략행위의 일환이었고, 국토의 균형 발전이나 국민 생활 편익 증진과는 거리가 먼 수탈 정책의 하나였다.

이 대목에서 일본의 상황을 살펴볼 필요가 있다.

일본 역시 개항 이전에는 도로 사정이 별반 좋지 않았다. 그러나 1854년 미국의 동인도함대 사령관인 페리 제독의 개항 요구를 견디지 못하고 미일 화친조약을 체결한다. 이어서 영국, 러시아, 네덜란드, 프랑스 등과도 통상조약을 체결한다.

굴욕인 듯싶던 이러한 일련의 개항으로 인해 일본은 급격한 성장세를 타게 된다. 개항은 수많은 물류 수송을 불러오고, 이는 곧바로 도로망 확충으로 이어진다. 이를 바탕으로 자본주의적인 생산 체계를 정립하게 된 일본은 급증하는 수송 수요의 흐름을 타고 전국적인 도로망을 구축하고, 승용마차나 자동차 등 수송 수단도 빠른 속도로 늘려 간다. 특히 1867년 왕정복고(대정봉환)를 계기로 중앙집권적 통일국가 체제 확립을 위한 도로망 구축이 절실해진 것도 일본의 근대적인 도로망 구축의 바탕이 된다. 이에 일본은 정부 차원에서 1872년 도쿄와 요코하마를 연결하는 철도를 구축한 것을 시작으로 전국적인 철도망을 구축하기에 이른다. 그리고 1889년에는 도쿄와 오사카를 잇는 철도를 준공하는 등 이후 17년에 걸쳐 일본 동해안을 따라 위치한 주요 도시들이 하나로 연결된다. 이후에 메이지유신이 본격화되면서 정치·경제·사회·문화 전반에 걸쳐 대대적인 변화가 일어난다.

구미 선진국의 우수한 기술을 도입한 일본은 19세기 후반에 자동차를 생산한 것을 계기로 도로망 구축에도 박차를 가한다. 이렇게 전국적인 도로망이 구축되면서 교역이 활발해지고 대외 수출도 크게 증가하고, 당연히 일본의 국력은 놀라운 속도로 신장된다. 일본은 아시아 대륙의 어느 나라보다 빨리 길의 중요성을 깨달았고, 일본의 변모는 결국 길에서부터 비롯된 것이다.

일본은 이렇게 축적한 국력을 바탕으로 대륙 침공을 감행하게 됐고, 1874년 타이완섬(대만) 일시 점령에 이어 두 번째, 본격적인 목표로 조선의 식민지화를 꾀해 1875년 운요(운양)호 사건을 일으키고 이듬해 강화도조약(병자수호조규)을 맺는다. 이어 1894년 조선에서 발생한 동학혁명을 기화로 청나라와 전쟁을 벌인 데 이어 1904년에는 만주에서 러시아와도 충돌을 일으킨다. 기고만장해진 일본은 1905년 군을 동원해 조선의 왕궁을 포위한 가운데 이완용 등 오적(五賊)과 야합해 을사늑약을 체결한다. 그렇게 국권을 찬탈한 일본은 통감부를 설치하고 조선의 외교권을 장악한다. 이에 대한 저항을 막기 위해 1907년 고종을 퇴위시키는 한편, 새로운 한일협약인 정미칠조약을 공포한다. 이러한 조치로 인해 조선의 군대 해산권, 사법권, 고급관리 임면 동의권 등이 일본으로 넘어간다. 잘 닦아 놓은 도로망을 통해 쌓아올린 국력을 군사력으로 전용한 일본이 마침내 야욕을 달성한 것이다.

도로를 열어 괄목할 성장을 이룬 일본의 눈에 보인 반식민지 조선은 너무도 불편한 곳이었다. 무엇보다, 낙후된 도로가 수탈을 가로막는 가장 큰 장벽이었다. 조선에서 생산된 쌀을 원활하게 일본으로 수송하기 위해서는 도로가 시급하다고 판단한 일본은 1906년 통감부 내에 치도국을 신설한다. 그리고 이듬해인 1907년부터 주요 간선도로의 신설과 개보수 작업에 착수하여 신작로 건설과 함께 주요 도시의 가로망을 정비한다. 이에 따라 일본인 거주지인 신시가지에는 격자형 가로망이 조성돼 재래 시가지의 불규칙한 도로망과 대조를 이루기도 한다.

일제가 구축한 한반도 도로망은 겉으로 보기에는 아주 수려했다. 일제 강점 35년 동안 건설된 도로망은 1945년 해방 당시 국도 5,263킬로미터, 지방도 9,997킬로미터, 시·군도 8,771킬로미터로 총 2만 4,031킬로미터에 달했다. 하지만 그 내막에는 식민지 지배 체제를 확립하고 경제적 수탈을 용이하게 하고, 나아가 한반도를 대륙 진출의 교두보로 활용한다는 목적이 있었다. 그랬기 때문에 조선의 도로 건설도 일본 본국과의 교통이나 물류 수송의 편의를 감안한 도로, 즉 항구와 내륙을 연결하는 도로망 건설과 농산물·광산물 등이 풍부한 지역의 지방도 개수에 열심이었다.

역사의 전면에 자랑스럽게 등장해야 할 우리의 길은 이렇듯 질곡의 길이 되었다.

제1부

▮ 길을 묻다

'합심하여 다진 도로 근대화의 발판 삼자.'
제주우회도로 포장도로 준공식에 참석한 박정희 대통령(가운데, 1971. 1. 29)

길이 안 보인다

1945년 8월 15일, 우리나라는 일제 식민지에서 벗어났다. 그러나 해방의 기쁨도 잠시, 현실적인 문제들이 눈앞에 닥쳐왔다. 그중에서도 급선무는 먹고사는 문제였다. 일제 패망과 함께 공장과 기업들은 대부분 문을 닫았다. 적산(敵産)으로 남은 시설을 독자적으로 꾸려 나갈 역량이 없었기에 엄청난 수의 실업자들이 일거리를 찾아 거리를 떠돌았다.

도로 부문도 사정은 다르지 않았다. 기술은 미숙했고 인력도 극히 적었다.

해방 당시 우리나라의 국도 총 길이 5,263킬로미터 중 포장된 도로는 746.4킬로미터로 전체 국도의 14퍼센트에 불과했다.

미군정기의 도로 건설은 미미했다. 해방 이듬해인 1946년 6월에 대홍수가 일어나는 등 자연재해도 잇따랐기 때문에 당장 급한 것은 식량 문제였고, 도로를 건설하거나 개량하는 일은 엄두도 낼 수 없었다. 설사 도로 건설 계획을 수립한다고 해도 이를 실행할 자금도 기술도 장비도 없었다. 근본적이고 장기적인 계획은 꿈도 꾸지 못했고, 노면 정리와 포장 보수 응급조치로 황폐해진 도로를 정비하는 데 만족할 수밖에 없었다.

눈에 띄는 공사는 미군이 보유한 장비를 이용해 서울부터 부산까지의 국도를 포장하는 정도에 불과했다. 1947년 7월에 마무리된 이 공사에 당시 돈 1억 300만 원이 투입되었다.

1948년 8월 15일 대한민국이 건국되고, 이승만 정부는 경제 부흥을 위해 의욕적인 계획을 세워 나간다. 그 첫발이 1948년 9월 11일 미국과 재정에 관한 협정을 체결해 미군정이 소유하던 모든 재산을 넘겨받은 일이다.

이어 1948년 12월 10일에는 한미 경제원조협정을 체결해 미국으로부터 경제 부흥을 위한 장기적인 원조를 약속받는다. 이 원조는 제2차 세계대전 이후 세계의 경제 체제를 확립하기 위해 미국을 주축으로 해서 추진된 '마셜 플랜'의 일환이었다. 이로써 설립된 미국 경제협력국(Economic Cooperation Administration, ECA)을 통해 우리나라는 신생 독립국의 지위로 전후 복구 사업을 추진해 나갈 수 있게 된다.

이후 여러 분야에서 복구의 싹을 틔우는데, 도로 부문의 정비 상황만을 살펴보면 이렇다.

1948년 11월 4일, 행정조직을 개편하면서 미군정 당시의 토목부를 확대해 내무부 건설국으로 편제시킨다. 이어 1949년 5월 2일 「지방

토목관서 설치법」을 제정하고, 6월 4일에는 서울지방건설국을 신설하면서 지방건설국 공사과로 하여금 관할 국도 건설 사업을 관장하도록 한다.

이와 함께 정부는 1950년 초부터 ECA의 원조를 받아 확보한 8억 원 안팎의 예산으로 전국 주요 도로의 교량 사업을 본격적으로 추진하는 동시에, 서울 시가지의 도로 개설과 포장공사를 병행해 나간다. 그리고 공사비 3억 2천만 원을 들여 국도를 포장하는 한편, 15억 8,500만 원의 예산을 편성해 부산선과 의주선 등을 개수하기도 한다.

하지만 정부의 이러한 계획은 1950년 6월 25일 발발한 남침 전쟁으로 인해 모두 물거품이 되고 만다. 한반도가 3년간의 전화에 휩싸이면서 얼마 되지 않던 도로마저 모두 파괴되는 비극을 맞아야만 했다. 전시에 도로는 군대의 중요한 보급로였고, 그중에서도 특히 교량이 주 공격 대상이었다. 전쟁으로 국도 9,450킬로미터, 지방도 1만 2,980킬로미터, 그리고 당시 100개이던 교량 중 절반이 넘는 54개가 파괴됐다.

휴전 후 국가적 최우선 과제도 전후 복구였다. 정부는 참전 우방국들에게 전후 복구를 위한 원조를 요청하게 되고, 그 결과로 미 국제협조처(ICA), 미국개발처(AID) 등으로부터 1954년부터 1962년까지 1,507만 달러가 넘는 무상 원조를 이끌어 낸다.

정부는 전쟁으로 파괴된 도로를 새로 건설함으로써 경제 부흥의 토대를 놓고자 했지만, 재정 빈곤과 도로에 대한 인식 부족으로 난관에 부딪친다.

"당장 배고픔도 해결하지 못하는 처지에, 더욱이 자동차 보급률도

낮은 상황에서 막대한 예산을 들여 도로를 건설할 필요가 있느냐?”

국민 대부분이 이런 생각이었기 때문에 제대로 된 도로 건설은 엄두를 내지 못하다가, 전후 3년여가 지나고서야 원조 자금의 일부를 도로 예산으로 쓸 수 있게 됐다.

그러나 1950년대 말까지도 도로 건설 사업은 별다른 진전을 보지 못하고, 전쟁으로 파괴된 시가지 도로를 포장하거나 개보수하는 정도가 고작이었다. 도로와 교량을 복구하기 위한 강재, 시멘트, 철근, 목재, 아스팔트 등의 자재가 확보되면서 미미하나마 도로 건설이 시작되는데, 1958년 5월에 비로소 한강 인도교를 복구할 수 있었을 정도다. 지방도를 포장하고 그에 딸린 교량들까지 거의 복구해 낸 것은 5·16혁명 이듬해인 1962년의 일이다.

'길'에서 실마리를

5·16혁명이 있기 전, 우리나라는 세계에서 가장 가난한 나라의 하나로 꼽혔다. 1인당 국민소득이 100달러에도 못 미쳤고 대다수의 국민들은 매년 '보릿고개'라 불리는 춘궁기마다 굶주리며 견뎌 내야만 했다. 그랬던 나라가 지금 눈에 보이는 나라로 탈바꿈했다. 상전벽해 다름 아니다.

1962년, 혁명정부는 경제개발 5개년계획에 착수하면서 근대화의 물꼬를 활기차게 튼다. 도로에 대한 투자도 크게 늘어난다. 이때 비로소 도로 개발이 본격화돼 현대적인 도로의 개발이 시작되고, 철도 위주에서 자동차 위주의 수송 형태로 탈바꿈한다. 고속국도, 국도, 지방도 등을 본격적으로 건설해 산업단지 등 주요 물류 거점은 물론이고 산간 오지와 농어촌까지 교통의 혜택이 돌아가게 된다. 특히 경부고속도로가 개통된 1970년 이후부터는 국가경제가 더욱 탄력을 받아 비약적으로 성장하고, 지역 곳곳이 균형적으로 발전하며, 이에 따라 국민 생활에도 괄목할 변화가 일어난다.

이러한 혁명적 변모는 어디에서부터 어떻게 시작된 것일까? '길'을 실마리 삼아 그 역사를 거꾸로 거슬러 자취와 궤적을 따라가 보자.

제주도의 작은 혁명

5·16혁명 후 넉 달이 채 안 지난 1961년 9월 8일 오전 11시.

박정희 국가재건최고회의 의장이 처음으로 제주도를 방문한다. 한신 내무부장관, 장경순 농림부장관, 원충연 공보실장, 김종필 중앙정보부장 등 최고위급들을 대동했다.

무슨 일일까? 그의 도착 전부터 온 제주도가 들썩였다. 그의 움직임 하나하나에 이목이 집중되고, 도내 언론들도 제주공항에서부터 열띤 취재 경쟁을 벌인다.

"제주도는 꼭 한번 오고 싶었던 곳인데, 난생 처음으로 방문하게 돼서 감회가 깊습니다."

간단히 소감을 밝힌 박정희는 제주도청으로 가 김영관 지사로부터 도정 현황을 보고받고, 어쩌면 상투적이라고도 할 수 있는 강평을 남긴다.

제주도는 개발 소지가 충분합니다. 정부도 여러 사업을 계획해서 완성

1961년 9월 제주도를 처음 찾은 박정희 국가재건최고회의 의장(가운데)

할 수 있도록 최선을 다하겠습니다.

　제주도는 지리적으로 육지와 멀리 떨어져 있기 때문에 과거에는 중앙 정부의 관심이 적었던 것이 사실입니다. 하지만 앞으로 정부는 제주 개발에 많은 관심을 가지도록 노력하겠습니다.

　오후 2시부터 제주북국민학교에서 열린 도민 환영대회 치사도 크게 다르지 않았다.

　제주도에 도착해서부터 내내 깊은 생각에 잠긴 모습이었던 박정희 의장은 갑자기 당초 예정된 1박 2일 일정을 하루 더 연장하라고 지시하더니 서귀포로 향한다. 당시 제주시에서부터 해안을 따라 서귀포까지 차로 가는 데 다섯 시간, 성산포~서귀포~모슬포로 한 바퀴 도는 데는 아홉 시간 넘게 걸릴 때였다.

　서귀포에서 어선을 타고 정방폭포를 거쳐 범섬을 돌아 중문백사장까지 바닷길도 둘러본 박 의장이 탄식하듯 질문하듯 내뱉는다.

　"이렇게 아름다운 곳이 왜 개발이 안 됐는가…."

　박정희 의장 일행이 제주도를 떠나고 열하루 뒤인 9월 21일.

　"와! 저게 뭐지?"

　제주 동부두에서 비행장까지 가는 간선도로에 낯선 광경이 펼쳐진다. 생전 처음 보는 거대한 기계들이 갑자기 나타나서 땅을 파헤치고 있으니 놀라지 않을 수 없었다. 이때 사용된 중장비들인 롤러, 채석기, 모터그레이더 등은 요즘이야 아무 공사 현장에서나 볼 수 있는 흔한 장비들이지만, 당시는 육지의 도시민들도 본 적이 없던 기계들이니 제주도민들에게는 어떻게 보였을까?

박정희 그는 달랐다. 9월 10일 모슬포비행장을 떠난 그는 서울에 도착하자마자 분주히 움직여 제주 개발에 도움이 될 만한 사람들을 불러 모은다. 그리고는 도로 건설, 수도 개발, 관광 진흥, 감귤 생산 등 개발에 하나 둘 박차를 가한다. 동냥 주듯 수많은 공약(空約)이나 늘어놓고 감감무소식이던 다른 위정자들과는 사뭇 달랐다.

하지만 아무리 바빠 서둘러도 어떻게 열하루 만에? 여기에 그의 황소 같은 진면목이 있다.

"제주도에는 도로포장공사를 맡아 할 만한 회사도 장비도 없습니다."

"그럼 서울에서 찾아보면 되지 않겠나."

"몇 개 회사가 있습니다만, 그 큰 장비들은 어떻게 수송합니까?"

"해군 함정이 있지 않은가."

길이 2.4킬로미터, 노폭 6.7미터에 불과한 조그만 도로지만 제주도에서는 유사 이래 처음으로 시행되는 간선도로 포장공사였다. 우여곡절 끝에 삼부토건이 공사를 맡아 불도저, 콤프레서, 살포기, 살수차, 크러셔, 롤러, 심정굴착기 등의 중장비와 아스팔트 1,700드럼을 해군 LST 함정에 실어 제주도로 나른다.

제주도 개발을 처음 언급하면서 그는 두 가지 문제를 시급히 해결해야 한다고 강조했다.

그 첫 번째는 '물'이었다. 당시 제주도는 우리나라 어느 지방보다 연간 강우량이 많았지만, 화산 지대가 그렇듯이 비가 오면 땅으로 스며들기 때문에 땅 표면에는 물이 거의 없었다. 하지만 물은 인간이 생존하는 데 가장 기본이 되는 필수불가결한 문제이기 때문에 제주도만의 특별한 과제는 아니었다. 두 번째로 꼽은 '도로'에 대한 언급에 주목할 필요가 있다.

"물과 도로, 이 두 가지 문제를 우리가 중점적으로 개발하면 제주도는 앞으로 저절로 발전이 됩니다. 물이 풍부하고 도로가 좋으면 돈 있는 사람들이 제주도에 서로 와서 경쟁을 하면서 투자를 할 것입니다. 그래서 그동안 정부가 수자원 개발에 대해서도 지금 어승생댐이라든지 또 정부에서 나와 있는 지하수 개발 조사팀이 50여 개 지역을 조사해서 제주도에는 지하수가 풍부히 있다는 결론이 나왔습니다. 다만, 지금까지 우리가 조사를 충분히 하지 못하고 개발하는 데 노력을 못 했기 때문에 그렇지, 제주도의 땅밑에는 물이 얼마든지 있다는 것입니다. 이것을 개발해야 합니다. 또 도로도 이번에 일부 도로가 완공이 됐지만, 앞으로 횡단도로라든지 기타 여러 가지 지방도로를 연차적으로 우리가 포장을 하고 개발해 나간다면, 제주도는 가장 살기 좋은 곳이 될 것입니다."

무엇부터, 어디서부터?

박정희 의장은 혁명공약대로 "절망과 기아선상에서 허덕이는 민생고를 시급히 해결"하는 일에 발벗고 나서, 세계 여러 나라에 도움의 손길을 요청한다.

"무슨 일이든 의지만 확고하면 이뤄진다!"

이렇게 굳게 믿어 온 그였지만, 상황은 결코 녹록지 않았다. 혈맹의 나라 미국도 마찬가지였다.

박정희는 미국의 원조를 기대하고 1961년 11월 케네디 대통령을 찾아가 사정을 했지만, 반응은 너무나도 냉랭했다. 케네디 정부는 혁명 자체를 곱지 않은 눈길로 보고 있었을 뿐만 아니라, 한국에 돈을 빌려주면 군사정부를 인정하는 모양새가 될 것이라는 판단 때문에 도움의 손길 내밀기를 꺼렸다. 그즈음 베트남, 말레이시아, 필리핀 등 아시아를 비롯해 세계 곳곳에서 쿠데타의 기운이 강하게 일고 있었으니 미국의 입장을 이해 못 할 바는 아니었다.

금융기관들도 야박하기는 매한가지였다.

"한국에는 이미 무상 원조를 하고 있는데 차관까지 주는 것은 바람직하지 않다."

말은 이랬지만 속내는 달랐다. 참혹한 전쟁과 극심한 사회 혼란이 이어진 데다 급기야 군사정변까지 일어난 한국을 결코 믿을 수 없다는 것이었다.

일본이 있다지만, 당시 일본과는 단절된 국교를 아직 재개하지 않고 있었으니 경제적 지원은 말도 꺼내지 못하는 상황이었다.

1963년에 펴낸 『국가와 혁명과 나』에는 이때의 절박한 심정이 그대로 녹아 있다.

폭우가 쏟아지는 야반 0시. 그때 나는 서재의 일우(一隅)에 앉아 붓을 멈추고, 멍하니 비에 젖어 가는 밤의 가로를 내다보고 있었다. 문득 저 거리로 뛰어나가, 내 재주로 저 비를 막거나, 아니면 저 비 때문에 수없이 울고 있을 동포와 더불어, 이 밤을 지새워 보고 싶은 격정을 느꼈다. 오천 년을 하루같이 시달려 온, 이 피곤한 민족이 모처럼 일어서려는 비장한 마당에, 다시금 하늘은 시련을 내리다니…. 그러나 우리는 일어서야 하고 이 고비를 싸워 넘어서야 한다. 민족의 시련과 내일의 영광을 위해 하늘은 시련을 우리에게 주고 있는 것이다.

그러나 본인은 그 격랑 속의 독주를 저어 가는 사공일지언정, 조금도 낙망하지 아니하고 실의하지 아니한다. 그 파도의 물결이 모질면 모질수록 더욱더 강해져 가고 있고 또한 불퇴전의 결의에 불타고 있었다. 본인은 어느 길을 찾든 조국이 있고 민족이 있는 곳이면 그곳에 만족하겠다. 그곳이 초야든, 군이든, 정계든 무슨 상관이 있겠는가. 국민 제위가 국가 재건에 벽돌을 쌓자면 벽돌공으로, 민족의 안주를 위해 담을 쌓자면 미장공이 되는 것을 마다 않을 각오다.

이러한 열악한 상황에서도 희망의 불빛이 키워지고 있었으니, 그것은 기술인력이었다.

경제 재건에서 도로의 중요성이 강조되면서 조사, 설계, 시공, 감리 등을 담당할 기술인력이 절실하게 필요했다. 이에 따라 선진국에 기술자를 파견해 기술훈련을 받도록 하는데, 이 과정에서 선진 기술을 익힌 이들이 훗날 경부고속도로 건설에 참여하는 등 대한민국 재건의 일등공신이 된다.

케네디 대통령을 만나기 전 11월 13일, 재미 교포와 유학생의 초청으로 마련된 환영회에서의 연설에 박정희가 재건하려는 대한민국의 꿈이 오롯이 담겨 있다.

　"우리는 혁명을 두 번 했습니다. 환자로 치면 두 번의 수술, 4·19 수술이 경과가 좋지 않아 5·16으로 재수술을 받은 셈입니다. 다행히 수술 결과가 양호해 건강은 잘 회복돼 가고 있습니다. 수백 년 된 고질병을 뿌리 뽑는 개혁은 혁명정부의 과업뿐 아니라, 우리 민족의 과업이기도 합니다. 만약 이번 혁명이 실패하면 다음에 올 것은 공산혁명밖에 없습니다. 케네디 대통령과 회담할 때 우리나라의 경제 재건에 대해서도 토의할 것입니다. 경제혁명 없이는 민주주의가 있을 수 없기 때문입니다. 나는 군인입니다. 정치는 잘 모르지만, 조국이 망하는 건, 절대 두고 볼 수 없습니다. 우리는 여러분이 선진 기술과 학문을 잘 습득해 귀국해서 국가 재건에 크게 공헌하리라고 확신합니다."

동병상련의 나라 서독

　무엇부터, 어디서부터 손을 대서 나라를 일으킬까에 대해 고민하던 혁명정부는 나아갈 길의 실마리를 '길'에서 발견했으나, 문제는 돈이었다. 2차 세계대전 때 연합군을 주도했고 남한에서 3년간 군정을 펼치면서 우리의 자립을 도왔던 미국의 도움을 받으려 했지만 그게 녹록지 않았다.

　고립무원, 진퇴양난의 상황에서 박정희의 머리에 떠오른 나라가 있었으니, 바로 '라인강의 기적'으로 일으킨 나라 서독이었다. 참혹한 전쟁의 상처가 있는 데다가 우리처럼 분단국가의 아픔을 겪고 있으면서도, 그 모든 역경을 딛고 당당하게 일어선 서독은 혁명적이라고 할 수 있는 경제 정책을 펼친 결과 연평균 8퍼센트대의 고도 성장을 이루며 다시금 강국으로 부상하고 있었다.

"우리도 전쟁의 잿더미에서 한강의 기적을 이뤄 보자."

그러나 당시만 해도 유럽은 멀고 먼 세상이었다.

"서독에 가 보면 어떻겠소? 어느 나라보다 우리의 마음을 잘 알 것 같은데…"

정래혁 상공부장관을 불러 의향을 묻는다. 이후 부랴부랴 차관 교섭 사절단이 꾸려진다. 주독 대사관에 연락해 방법을 찾아보고, 예서 제서 사람도 불러 모은다.

그런데 문제가 생겼다. 우여곡절 끝에 끼워 맞춘 차관 교섭 사절단에 독일어를 할 줄 아는 사람이 없었던 것이다.

"서둘러 알아보시오, 공무원이든, 군인이든, 민간인이든."

하지만 없었다. 해방 후 이승만 정부가 인재 육성 정책의 일환으로 미국에 공무원 등을 파견했던 까닭에 영어를 할 줄 아는 사람은 많았지만 유럽, 더욱이 독일은 달랐다. 교류가 전무하다시피 했기 때문이다.

"있어요! 서독 뉘른베르크 에를랑겐대에서 공부했던 백영훈!"

앞선 정부에서 국비 유학생을 뽑아 여러 나라에 파견할 때, 독일로 가서 경제학 박사학위를 받고 귀국한 백영훈 박사가 눈에 띄었다.

"중앙대학교 교수로 재직하고 있다고 합니다."

"그럼 빨리 가서 도움을 요청해 보도록."

서둘러 중앙대학교에 연락했는데, 백영훈 교수가 병역 기피자로 지목돼 논산훈련소에서 신병 훈련을 받고 있다는 어처구니없는 답변이 돌아온다. 백영훈 박사는 훗날 이렇게 회고한다.

고려대학교에 다닐 때 전쟁이 터지고 낙동강 이북이 모두 함락되면서, 서울에 있던 나는 인민군으로 끌려갔습니다. 어딘지도, 누구에게 총을 겨눠야 하는지도 모르는 상황에서 헤매다가 인천상륙작전이 결행될 즈음에 도망을 쳐서 구사일생으로 살아남았지요. 그리고 국군이 북진할 때에는 학도병으로 나가 싸웠어요.

전쟁이 끝나고 학교에 돌아와 보니, 국비 유학생을 뽑는다는 거예요. 그래서 냉큼 지원했죠. 처음에는 미국으로 가고 싶었는데, 경쟁이 심해서 독일을 택한 거구요. 정말 열심히, 고생고생하며 공부해서 박사학위까지 받았어요. 귀국해서는 중앙대학교 교수로 임용돼서 신나게 가르쳤습니다. 그런데 5·16이 있고 나서 어느 날 강의를 하는데, 경찰이 와서 같이 가자는 거예요. 병역 기피자라고 하면서. 그렇게 징집돼서 훈련을 받다가, 육군 이등병 신분으로 정래혁 상공부장관의 특별보좌관으로 임명돼 차관 교섭 사절단의 통역관으로 합류했어요.

이런 우여곡절 끝에 1961년 11월말, 비로소 차관 교섭 사절단이 꾸려져 서둘러 서독으로 향한다.

그러나 서독의 관료들은 우리 사절단을 만나 주려 하지 않았다. 당시 우리의 처지는 그야말로 '듣도 보도 못한 나라'였기 때문이다. 갑자기 찾아온, 게다가 돈을 빌리러 다니는 차관 교섭 사절단을 누가 만나 주겠는가? 이때 백영훈 박사에게 수가 하나 떠올랐다.

"당시 서독의 경제장관은 에르하르트였어요. 궁리 끝에 뉘른베르크 에를랑겐 대학 은사를 찾아갔지요. 한국의 딱한 사정을 이야기하면서 에르하르트 장관을 만나게 도와달라고 사정했지만 선생님도 도와줄 수 없다는 이야기만 되풀이했어요. 며칠 연거푸 찾아갔더니, 나중에는 집에 찾아오는 것조차도 반기지 않는 거예요. 매일 아침 6시에 선생님 댁으로 가서, 사모님이 밖으로 나올 때까지 마냥 기다리다가, 마주치면 에르하르트 장관을 만나게 도와달라고 호소했어요. 일주일을 매달렸더니 경제차관과 약속을 잡았으니 잘 설득해 보라고 하시더군요."

1961년 12월 11일, 차관 교섭 사절단은 마침내 루트거 베스트리크 경제차관과 만난다. 그리고 이튿날에는 에르하르트 장관까지 만날 수 있었다. 눈물겹고 처절한 노력 끝에 사절단은 마침내 1억 1천만 마르크의 상업차관을 빌리는 데 성공한다. 사절단 일행은 얼싸안고 눈물을 흘렸다. 이것이 대한민국 건국 이후 최초의 상업차관이었다.

이후 차관 교섭 사절단의 대부분은 귀국하고, 백영훈 박사만 뒷마무리를 위해 서독에 남는다.

하늘은 스스로 돕는 자를 돕는다

1961년 12월 30일, 미국에서 문전박대 당하다시피 하고 돌아와 시름에 잠겨 있는 박정희에게 제주도에서 처음 시도된 도로포장공사가 성공적으로 마무리된다는 소식이 전해진다. '하늘은 스스로 돕는 자를 돕는다'는 격언처럼 박정희의 눈에 희미한 서광이 비춘 것이다.

"그래! 될 줄 알았어!"

어디서부터, 무엇부터 해야 할지에 대한 답을 찾은 것이다. 그는 이때부터 자신감이 용솟음친다. 제주의 미래를 통해 대한민국의 미래를 바라본다.

"그래, 도로를 만드는 일부터 하면 되겠어."

마음을 굳혔지만, 상황은 너무나도 열악했다. 당시 우리나라 도로의 포장률은 불과 20퍼센트 안팎이었다. 그렇기 때문에 제한된 예산으로 한꺼번에 포장공사를 시행하기에는 도저히 불가능했다. 요는 그중에서도 어느 지역을 먼저 하느냐는 선택의 문제로 귀결된다. 그래서 생각해 낸 것이 산업 개발이라든지, 군사 목적이라든지, 지역 개발이라든지, 어떤 원칙 하에서 우선적으로 포장해야 되겠다는 생각으로 굳어졌다. 그리고 제주도가 그 첫 번째 대상으로 선정된다.

"한라산을 넘어 제주시와 서귀포를 연결하는 횡단도로를 포장합시다."

제주도를 방문했을 때, 내내 고민이 깊었던 이유가 여기에 있었다. 김영관 도지사로부터 도정 보고를 받을 때도 그랬고, 제주도 곳곳을 돌아볼 때도 그랬고, 서울로 돌아오는 길에도 역시 그랬다. 그의 머릿속에서는 '제주 개발'의 큰 그림이 그려지고 있었던 것이다.

"왜 제주도에 자꾸 투자를 하려고 하십니까? 제주도는 인구를 따지면 육지에 있는 어떤 군의 규모밖에 안 됩니다."

한라산 횡단도로에 대한 의지를 밝히자, 정부 부처 장관들과 공무원들의 볼멘소리가 흘러나왔다. 늘 그렇듯 혁신에는 저항이 뒤따르

기 마련이다. 하지만 그의 마음은 이미 굳어졌고, 황소처럼 밀고나가
관철시킨다.

경제개발 5개년계획

혁명으로 출발한 박정희 정부의 최대 관심사는 경제에 모아졌다.
그래서 시작된 것이 경제개발 5개년계획이다.

경제 부흥은 해방 이래의 최대 과제였다. 이를 달성하기 위해 기간
산업을 구축하는 것이 급선무였기 때문에, 이승만 정부 때인 1959년
3월에 부흥부 산하 '산업개발위원회'가 1960~62년까지를 기간으로
하는 '경제개발 3개년계획'을 수립한 적이 있다. 이것이 대한민국 정
부가 경제 개발을 계획한 최초의 사례였다.

하지만 이 계획은 실행되지는 못하다가, 혁명정부가 들어서고 나
서 1962년부터 1966년까지 '경제개발 5개년계획'으로 이름을 달
리해 파탄에 이른 국가경제를 일으키려 한다. 그 첫 번째 사업으로
1962년 1월에 울산이 특정공업지구로 지정되어 2월 3일에 기공식이
열리는 등 울산공업지구 조성사업이 순풍에 돛 단 듯이 내달린다.

제1차 경제개발 5개년계획은 모든 사회·경제적인 악순환을 바로
잡고 자립경제의 기반을 다지는 일에 역점을 두었다. 무엇보다 전력
이나 석탄 같은 기간산업을 늘리고, 사회간접자본을 착실하게 다져
경제 개발의 토대를 구축하고자 했다. 이와 함께 농업 생산력을 증강
해 농업 소득을 증대시키며, 수출을 증대해 국제수지를 균형화하고

기술을 진흥하는 데도 힘을 쏟았다.

정부 주도로 강력하게 추진한 제1차 경제개발 5개년계획의 성과는 기대 이상이었다. 당시 국민총생산의 연평균 목표 성장률은 7.1퍼센트였으나, 결과적으로 8.5퍼센트의 고성장을 달성한다. 1인당 국민총생산 역시 1962년 83달러에서 1966년에는 126달러로 증가, 연평균 5.6퍼센트의 증가율을 나타냈다. 산업 구조는 기준연도인 1960년에 1차 산업 35.2퍼센트, 2차 산업 19.2퍼센트, 3차 산업 45.6퍼센트였던 것이 1966년에는 1차 산업 31.7퍼센트, 2차 산업 25.7퍼센트, 3차 산업 42.6퍼센트로 바뀌었다. 1차 산업과 3차 산업의 비중이 감소된 반면에 2차 산업의 비중이 커진 것이다.

"의장님은 혁명만 허영 줍서"

이즈음 1962년 3월 24일, 제주도 제주시와 서귀포를 연결하는 길이 43킬로미터의 한라산 횡단도로(제1횡단도로) 포장공사가 첫발을 내디딘다.

제주도청 앞에 있는 공설운동장에서 열린 역사적인 기공식에는 제주 지역의 유지들이 모두 함께한다. 김형욱 국가재건최고회의 최고위원이 대신 읽은 이날 치사에는 제주 개발에 대한 박정희의 의지가 듬뿍 담겨 있다.

"제주도의 산업과 문화 발전을 기약하는 대역사가 될 것입니다. 아울러 이를 계기로 바람 많고 여자와 돌이 많다는 '제주의 삼다(三多)'

를 '재물과 자원과 아름다움'이 많다는 제주로 바꿔 나갈 것입니다."

한라산을 횡단하는 도로가 필요하다고 처음 제안한 이는 김영관 제주도지사다. 예나 지금이나 지역의 책임자는 개발에 대한 욕구가 넘치고, 정부에는 그런 유의 요청이 항상 빗발친다. 결국 중요한 것은 최고권력자가 누구이며, 그가 어떤 생각을 하고 있느냐가 아닌가 싶다. 다행히 당시 박정희가 있었다. 불을 보듯 뻔하게, 정부 관료 대부분은 제주도 횡단도로에 반대의 목소리를 높였지만 박정희의 생각은 달랐고, 맨 앞에서 난관을 하나하나 헤치며 밀어붙였다. 그가 내다본 것은 제주도만의 미래가 아니었다. 제주도 개발을 통해 대한민국의 재건을 시험해 보고 싶었던 것이다.

한라산을 남북으로 잇는 횡단도로의 1차 포장공사의 첫 구간은 제주도청에서 산천단까지 7킬로미터였다. 이 공사는 앞서 제주 동부두에서 비행장까지 간선도로 포장공사를 성공적으로 완수한 삼부토건에 맡겨졌다. 기공식 5일 뒤인 3월 29일에는 도로 예정지 중 해발고도가 가장 높은 성판악부터 영주교까지 10킬로미터 구간을 동방공영주식회사가 맡아 도로폭 6.5미터로 개설공사에 들어갔다.

횡단도로 공사가 한창이던 1962년 5월 24일, 박정희가 다시 제주도에 나타난다.

"송당목장으로 갑시다."

송당목장은 "우리 국민도 이제는 쇠고기를 먹어야 한다"는 이승만 대통령의 특별지시로 육우 생산을 위해 조성한 국립 목장이었다. 1954년 12월 1일부터 부지 물색에 들어갔고, 1957년 1월 29일 '제주도 축산개발계획'이 국회에서 통과되면서 3월 28일 구좌읍 송당리 일대가 목장지로 확정되어 8월 9일 미국산 육유 160두를 방목하면서 본격적인 운영에 들어갔다.

박정희는 조사단장으로부터 송당목장의 경영 부진 원인과 개선 대책을 보고받고는 심각한 표정으로 말한다.

"목장이 이렇게 운영되면 안 될 것 같소."

그의 해결책은 명료했다. 목장 운영을 민간에게 맡기는 방안이었다. 얼마 후 송당목장은 민간에게 불하된다.

"성산포 쪽도 가 봅시다."

일행을 어촌으로 이끌고는,

"제주도는 우리나라를 대양으로 안내하는 출입구나 마찬가지입니다. 천혜의 여건을 십분 활용해야 하지 않겠습니까? 이곳을 우리나라 어업 전진기지로 일궈 내겠습니다."

횡단도로 건설이라는 전대미문의 대역사에 모두의 눈이 쏠려 있었지만, 박정희의 시선은 더 먼 데를 바라보고 있었다. 어느새 제주도 개발의 전체적인 밑그림을 머릿속에 그리고 있었던 것이다.

그가 그려 낸 제주도의 미래는 그로부터 1년 뒤부터 본격적으로 윤곽을 드러낸다.

1963년 6월 2일, 박정희는 김재춘 중앙정보부장, 이후락 공보실장, 박경원 내무부장관, 조성근 건설부장관, 박충훈 상공부장관 등 정부 각료를 이끌고 세 번째 제주도 방문길에 오른다.

이날 그의 발걸음은 유달리 분주했다. 궂은 날씨였지만 예정보다

두 시간 앞당겨 제주공항에 도착해서는 곧바로 횡단도로 포장공사가 진행되고 있는 산천단으로 향한다.

"진행이 너무 더딘 것 같소. 모든 행정력을 집중해서 속히 마무리되도록 서둘러 주시오."

현장 곳곳을 차례로 둘러본 그는 뒤따르던 김영관 제주도지사에게 짧고 강한 한마디를 던지고는 사흘간의 숨 가쁜 일정에 들어간다.

6월 3일에는 제주시를 출발해 애월읍과 한림읍의 급수 상황을 점검하고 이어 남원읍으로 가서 4·3사건 이후 복구 상황을 확인한다. 그 길로 서귀포까지 돌아간 그는 김영관 지사를 앞세워 해안 일대를 샅샅이 살펴본다.

"지난번에 제주도에 다녀간 후부터 생각이 많아요. 제주도는 관광산업과 수산업 그리고 농·축산업을 육성하기에 아주 적합한 곳이라고 봅니다. 아울러 제주도를 홍콩이나 마카오 같은 자유항으로 개방하면 획기적으로 발전할 수 있다는 생각이오. 개발 계획을 세부적으로 세워서 상공부에 보내도록 하시오."

그리고는 제주도 출신인 박충훈 상공부장관을 불러 세운다.

"장관은 이곳 상황을 누구보다 잘 알고 있을 것이니, 꼼꼼히 살펴보고 지사와 협력해서 성공적인 사업이 될 수 있도록 하시오."

누가 이런 생각을 해낼 수 있을까? 그리고 어떻게 그게 가능할 것이라고 보겠는가? 경제 수준이 선진국의 반열에 오른 지금이야 무슨 생각을 하든 안 될 것이 없겠지만, 당시 여건으로는 언감생심이었다.

박정희는 제주도 방문 일정을 마치고 떠나기에 앞서 여러 공무원들과 지역 유지들에게 밝은 표정으로 힘주어 공언한다.

"이번 시찰에서 제주도민의 의욕적인 모습을 봤습니다. 그리고 정부가 계획하고 있는 사업들이 순조롭게 진척되고 있는 것도 확인했습니다. 이러한 상황을 매우 만족스럽게 생각합니다. 제주도는 도민 자체의 복지 향상을 위해서나 국가 전반의 발전을 위해서나 관광·수산·축산·특산물 재배 등 많은 분야에서 개척할 여지가 많습니다. 정부는 계속해서 제주도 개발을 위해 많은 관심과 노력을 경주하겠습니다. 그리고 현재 추진하고 있는 한라산 횡단도로 포장공사를 빠른 시일 내로 준공하겠으며, 4·3사건 이재민 복구 사업, 간이 급수 시설 확충 등을 위해서도 정부는 더욱 지원할 것입니다. 아울러 제주항 축항 방안에 대해서도 계속적으로 연구할 것입니다. 제주도의 관민일치 정신과 근면·성실한 도민들의 모습에 대해 경의를 드리지 않을 수 없습니다."

'하늘은 스스로 돕는 자를 돕는다'는 격언을 항상 되뇌었던 그는 그런 마음을 가진, 그럴 준비가 돼 있는 지역을 찾고 있었다. 그가 그렇게도 갈망하던 곳을 찾아낸 것이다. 그는 제주도를 통해 시험해 보고 싶었다. 그리고 그 시험은 반드시 성공할 것이라고 확신한다.

이 세 번째 제주도 방문 때 일이다. 제주도에서 간이상수도 공동급수 현장을 시찰하던 박정희에게 한 여인이 다가와서는 공손히 두 손을 모으고는 대뜸 한마디를 건넨다.

"의장님은 자꾸 혁명만 허영 줍서!"

뒤따르던 수행원들은 제주 사투리로 한 이 말을 못 알아들어 당황한다.

"얼마 전까지 빗물과 용천수를 허벅으로 날라서 식수로 사용했는데, 이제는 수돗물을 먹게 돼서 고맙다는 말입니다."

김영관 제주도지사의 설명이었다. 5·16혁명이 있고 나서 육지에서 멀리 떨어진 제주도 구석 동네에서도 상수도의 혜택을 보고 있으니 아낙네에게 혁명은 좋은 일이고, 그러니 거듭 거듭 혁명을 해 달라는 부탁이었다.

이 한마디는 그에게 강한 자신감을 주고, 그가 굳건한 용기를 불러일으키는 데 충분한 역할을 한다. 그의 걸음은 이후 더욱 더 빨라진다.

4년 후인 1967년 4월 29일 제6대 대통령 선거 기간중 장충단공원 유세에서 처음 언급되는 '경부고속도로'와 7년 후인 1970년 4월 22일 한해대책 지방장관회의에서 주창한 '새마을운동'. 대한민국을 5천 년 가난의 질곡에서 벗어나게 한 두 가지 대역사의 출발점은 이때의 제주도 개발일 것이 분명하다. 세 가지 모두가 근면·자조·협동을 근간으로 하지 않는가.

독일 가기 전 아우토반을 말하다

1963년 10월 11일 제주도에 큰 경사가 생겼다. 한라산 횡단도로 1단계 구간이 개통된 것이다. 1962년 3월 24일 착공된 이래 1년 6개월여 만에 이뤄 낸 일이다. 제주시~서귀포까지 전 구간이 완공되는 것은 이로부터 2년 6개월이 더 지난 1966년의 일이지만, 전체 43킬로미터 중 4분의 3을 이날 개통한 것만으로도 '제주도의 혁명'이라

할 역사적인 사건이 아닐 수 없었다.

한라산 횡단도로에는 교량 14개소, 암거 34개소를 비롯해 모두 87개의 구조물이 세워졌다. 공사비 1억 2,300만 원이 투입된 한라산 횡단도로는 1963년 2월 6일 국도로 지정되면서 '5·16도로'라는 새 이름을 갖게 되고, 박정희는 2미터에 달하는 거대한 자연석에 자긍심이 듬뿍 밴 휘호로 도로명을 새겨 남긴다.

5·16도로 개통으로 제주도는 괄목할 성장을 거듭한다. 이전에 제주시에서 서귀포를 육지로 가려면 90킬로미터에 달하는 구불구불한 비포장 길로 먼지를 뒤집어쓰며 기어가듯 해야만 했다. 그 거리가 절반 이하인 43킬로미터, 시간도 1시간 30분이면 충분하게 되었다.

이날 1단계 구간 개통식에서는 조성근 건설부장관이 박정희의 메시지를 대신 전한다.

"서독은 '아우토반'을 건설해서 일찍이 '라인강의 기적'을 이뤘습니다. 제주도는 횡단도로 개통을 계기로 '한라산의 기적'을 이룩하게 될 것입니다."

아직 서독을 방문하기 1년도 더 전인 이때 박정희는 '라인강의 기적'을 언급하고 '한라산의 기적'을 이뤄 내겠다고 역설했다. 서독을 방문해 아우토반을 직접 달려 보기 훨씬 이전에 도로의 중요성에 대해 알고 있었던 것이다.

한라산 횡단도로 개통 나흘 뒤인 10월 15일 대통령 선거에서 박정희는 민주당의 윤보선 후보를 누르고 당선, 1963년 12월 17일 제5대 대통령에 취임한다. 취임사에서 국가 번영을 위한 온 국민의 피땀 어린 노력을 강조하며, 대통령이 그 노력에 앞장설 것임을 다짐한다.

인간사회에는 피땀 어린 노력의 지불 없는 진보와 번영이란 존재하지 않는 것입니다. 격동하는 시대, 전환의 시점에 서서 치욕과 후진의 굴레를 벗어나기 위해 오늘의 세대에 생존하는 우리들이 생명을 건 희생적 노력을 다하지 않는 한 내 조국, 내 민족의 역사를 뒤덮은 퇴영의 먹구름은 영원히 걷히지 않을 것입니다. 새 공화국의 대통령으로서 국민 앞에 군림해 지배하려 함이 아니요, 겨레의 충복으로 봉사하려는 것입니다. 시달리고 피곤에 지쳐 가는 동포를 일깨워 용기를 돋우며 정의(情誼) 깊은 대중의 벗으로 격려와 의논과 설득으로 분열과 낙오 없는 대오의 향도가 되려는 것입니다. 그리해 국민이 지워 준 멍에를 성실히 메고 이끌어, 고난의 가시밭을 헤쳐 새 공화국의 진로를 개척해 나갈 것입니다.

광부·간호사 서독 파견

1961년 말 차관 교섭 사절단의 일원으로 서독에 가 1억 1천만 마르크의 상업차관을 따내고 뒷마무리를 위해 서독에 남은 백영훈 박사는 예기치 못한 난관에 봉착한다. 차관을 받으려면 '믿을 만한 은행'의 지급보증이 있어야 한다는 통보를 받은 것이다.

급박한 상황을 전달받은 정부는 재무부를 중심으로 세계 각국의 여러 은행들을 수소문했지만, 돌아오는 답변은 하나같이 '불가'였다. 당시 국가신인도가 전무하다시피 했던 우리나라를 믿고 지급보증을 해 주겠다는 은행은 없었다. 기적적으로 이룬 차관 협상이 물거품이 돼 버릴지 모르는 벼랑으로 몰린 것이다.

"못사는 나라, 그 국민이기에 겪는 심정이 얼마나 가슴 찢어지는 일인지 당해 보지 않은 사람은 모릅니다."

이후 백영훈 박사는 매일매일 지옥 같은 좌절의 나날을 보냈다고 한다. 술로 서글픈 마음을 달래고, 그러다가 감정이 북받치면 서독 현지의 친구들을 만나서 울며 넋두리한다.

"돈을 꾸러 왔는데, 지급보증을 해 주는 은행이 없어서 돈을 가져가지 못하고 있다. 이번 일을 성공시키지 못하면 여기에서 그냥 죽어 버리겠다."

그러던 어느 날, 서독 노동부에서 근무하는 슈미트 과장이 백영훈 박사를 찾아온다. 그는 뉘른베르크 에를랑겐 대학에서 같이 공부한 친구였다.

"너희 나라에 실업자가 많지? 일거리를 찾아 길에서 서성거리지 않냐?"

"그런데?"

영문을 알 수 없는 질문과 답변이 오가고, 그다음 날 슈미트가 두꺼운 서류뭉치를 들고 다시 나타난다.

"서독은 지금 탄광에서 일할 광부가 모자라서 난리다. 지하 1천 미터까지 파내려 가야 하는데, 그곳은 너무 더워서 아무도 들어가려고 하지 않는다. 파키스탄이나 터키에서 온 외국인 노동자들도 모두 피하는 상황이야. 한국에서 광부 5천 명 정도를 보내 줄 수 있겠나? 그리고 간호조무사도 2천 명가량 필요하다. 병원에서 시체 닦는 험한 일을 해야 하는데, 우리 간호사들은 그런 일을 안 하려고 한다. 만약에 광부와 간호사를 보내 줄 수만 있다면, 이 사람들에게 지급할 임금을 담보로 해서 돈을 빌릴 수 있을 것 같은데….”

귀가 번쩍 뜨인 백영훈 박사는 곧바로 신응균 주 서독 대사에게 달려간다.

“돈만 빌린다면 5천 명이 아니라 5만 명도 가능한 것 아니냐!”

신 대사의 얼굴도 활짝 핀다. 일자리가 부족한 우리로서는 마다할 일이 결코 아니었다. 이 소식이 우리 정부로 긴급하게 타전된다.

“길이 생겼어! 길이!”

한시가 급했던 정부는 곧바로 광부와 간호사를 모집하는 공고를 낸다. 당시 우리나라의 1인당 국민소득은 79달러(1961)에 불과했고, 한국은행이 보유하고 있는 외환보유고는 2천만 달러도 안 됐다. 1인당 국민소득이 260달러였던 태국이나 170달러였던 필리핀을 너무도 부러운 눈으로 우러르는 실정이었다.

“서독 광부의 한 달 임금이 우리보다 여덟 배 이상 된다는데?”

실업률이 40퍼센트에 육박하는 대한민국이었다. 고임금을 받고, 게다가 비행기 자체를 타기도 어려운 시절에 서독에서 일할 수 있다는 소식이 전해지자마자, 수많은 사람이 몰려들었다. 광부 500명을 모집하기로 한 1차 공고에 무려 2,894명이 지원해 6 대 1의 경쟁률을 보였다. 선발 자격을 2년 이상 경력자로 제한했지만 허사였다. 갱도가 어떻게 생겼는지도 모르는 사람들이 가짜 서류를 만들어 와서는 무작정 들이밀었다. 신체검사를 통과한 1,300여 명 가운데 절반 이상이 광부로 일한 경력이 전혀 없는 고등실업자였다.

그렇게 1963~66년 서독으로 파견된 광부들의 30퍼센트 이상이 대학을 졸업한 고학력자들이었다. 가짜 광부들은 당시 돈으로 500

원이 넘는 비용을 들여 광산 취업증명서를 가짜로 꾸며서 제출했다고 한다. 노동청이 전국 광산에 감독관을 파견해 실태 조사를 벌일 지경에 이르렀으며, 가짜 증명서를 만들어 판 유령 광산 20여 개소를 적발하기도 했다.

드디어 1963년 12월 22일 오전 5시, 독일 뒤셀도르프 공항에 123명의 한국인 광부가 내린다. 이들은 함보른 탄광과 에슈바일러 탄광으로 각각 배정돼 깊숙한 지하 갱도에 들어가 비지땀을 흘렸다. "3년간 한국에 돌아갈 수 없으며, 적금과 함께 한 달 봉급의 일정액은 반드시 송금해야 한다"는 계약조건에 따라 이들의 임금은 모두 서독의 코메르츠방크를 통해 고국의 가족에게 보내졌다. 코메르츠방크가 이러한 조건을 담보로 지급보증을 해서 차관이 도입됐기 때문이었다.

이때부터 순차적으로 서독으로 간 광부는 연인원 7,932명, 간호사는 1만 226명이었다. 이들이 고국의 가족에게 보낸 돈은 연간 5천만 달러였는데, 이는 당시 우리나라 국민총생산의 2퍼센트에 달하는 거액이었다.

제주도를 시금석 삼은 까닭은

1964년 3월 14일, 대통령이 된 박정희가 네 번째로 제주도 시찰에 나선다. 강우준 제주도지사의 지휘로 마련된 '제주도 종합개발계획'에는 개간사업, 수산자원 확보, 제당공장 건설, 토목사업, 국립공원 설치 등 5개 분야가 담겨 있다.

"잘돼 있군."

흡족한 표정으로 도청 직원들을 격려한 대통령은 '제주도 종합개발계획'을 실현하기 위해서는 특별법이 필요한 만큼, 구체적인 안을 조속히 만들어 중앙정부에 제출하라고 지시한다.

"그런데, 사업을 시행하기 위해서는 막대한 자금이 필요한데… 뜻 있는 사람들의 도움이 필요할 것 같소."

잠시 생각에 잠겼던 그는 평소 하던 대로 안주머니에서 봉투 하나를 꺼내 수행비서에게 건넨다. 봉투에는 10만 원이 들어 있었다. 솔선수범하겠으니 뒤따르라는 의미다.

"한라산 횡단도로 포장공사 현장으로 갑시다. 대통령 선거 때문에 일정에 쫓겨서 개통식에 참석하지 못해 아쉬웠소."

잠시 후 도청 현관 앞에 지프차가 도열한다.

"버스로 갑시다. 확인할 게 있어요."

일행 모두와 함께 버스에 오른 그는 포장된 도로를 꼼꼼하게 살펴보고는 횡단도로 43킬로미터 가운데 아직 포장되지 않은 8킬로미터 구간은 지질이 약하다는 점을 지적하고, 우선 주민들의 협조를 구해 기층을 굳게 다진 다음에 건설부에 포장이 가능한지 여부를 알아보라는 지시를 내린다. 얼마 후 도로 양옆으로 목야지가 펼쳐지자 차를 멈추게 하고는 강우준 지사를 부른다.

"제주도가 이렇게 훌륭합니다. 우리에게는 더없이 소중한 자원이니 잘 꾸며 주시오."

말끔하게 포장된 횡단도로를 따라 서귀포에 닿았다가 되돌아온 그의 표정에는 자신감이 넘쳐흘렀다. 그날 저녁 정부 각료와 도청 공무원 그리고 지역 유지들과 함께한 만찬 자리에서 그 자신감을 내보인다.

"제주도 개발은 뭐니 뭐니 해도, 일주도로 포장과 중산간 지역의 급수 시설 확충, 그리고 제주항 확장 개발입니다. 이 세 가지 문제만 해결된다면 제주 개발은 다 된 것이나 마찬가지예요."

그리고는 대통령 임기 안에 제주도 일주도로 포장사업을 완료하는 것은 물론, 중산간 지역에는 지하수를 끌어올려 물탱크를 만든 후에 목장과 농가에서 쓸 수 있도록 하겠다고 약속한다.

그랬다. 그는 이미 모든 것을 꿰뚫고 있었다. 즉, 도로와 수자원과 물류 수송의 중요성을 말이다. 제주 개발에서 언급한 이 세 가지는 훗날 대한민국 재건 사업에 그대로 적용된다. 다시 언급하지만, 아직 서독을 방문하기도 전에 생각하고 꾸려진 사업이라는 말이다. 그리고 제주도를 그 시험대로 삼았고, 그의 판단은 정확하게 맞아 떨어진다.

그런데, 왜 제주도인가? 그의 말에 답이 들어 있다.

"어느 것을 먼저 하느냐 하는 경우에는, 제주도민들과 같이 자기가 할 수 있는 일은 자기들이 하는 자조 정신이 강한 그런 주민들한테 우선적으로 해 주자는 것입니다."

그 이유는 밖에서가 아니라 안에 있었던 것이다. 제주도를 방문했을 때, 근면하고 부지런하고 자립과 자조 정신이 강한 주민들을 본 것이다. 제주도 주민들에게서 희망을 발견한 것이다.

이후 정부는 제주도를 중점적으로 지원하게 된다. 그리고 주민들의 노력이 뒷받침되자, 제주도는 발전의 기반을 굳건히 할 수 있게 된다.

제주도의 성공은 이후에 약방의 감초처럼 등장한다. 그로부터 7년 가까이 지난 1971년 1월 31일, 제주도 일주도로 준공식에서 박정희는 자신의 뜻이 오롯이 담긴 일성을 토해 낸다.

"제주도 일주도로를 건설하는 일에는 10억 원이 들어갔습니다. 그런데 주민 여러분들이 피땀 어린 노력으로 2억 원에 가까운 부담을 여러분들 스스로가 했습니다. 이와 같이 주민들이 협조와 협력이 크면 클수록 정부는 적은 예산을 가지고 많은 일을 할 수 있는 것입니다. 자기 고장 발전을 위해서는 자기 스스로가 할 수 있는 것은 다해야 되는 것입니다. 물론 여러분들이 할 수 없는 일도 많아요. 여러분들에게 많은 돈을 내라든지, 세금을 내라든지 하는 것은 무리한 일입니다. 그것은 정부도 하지 않겠지만, 여러분들이 할 수 있는 일은 여러분들이 해야 합니다. 제주도민 여러분들이 정부가 하는 사업에 협력을 해 주면, 그리고 앞으로 여러분들이 그러한 자조 정신과 자립 정신을 가지고 일하면, 정부도 계속적으로 일해서 지원을 할 것입니다. 또한 우리 제주도는 어느 지방보다도 빨리 발전할 수 있다고 생각합니다."

경부고속도로의 대역사가 성공을 거두고 이어서 호남고속도로가 한창 건설되고 있던 시기, 그제야 길의 소중함을 깨달은 여러 곳에서 도로포장을 해 달라는 요청이 밀물처럼 밀려들어올 때마다 그는 제주도의 예를 들며 역설했다.

"1961년도에 처음으로 제주도를 방문했었습니다. 그때 제주도를 제주시에서부터 시작해서 성산포, 서귀포, 모슬포로 해서 한 바퀴 돌아보았습니다. 시간으로 아마 8시간, 9시간 걸리는 형편없는 도로였습니다. 하지만 제주도는 여러 가지 면에서 앞으로 발전할 수 있는 좋은 여건을 갖춘 지역이라고 나는 생각합니다. 특히 주민들의 근면성과 자조 정신을 볼 때 조금만 더 노력을 하면 제주도는 우리나라에서도 가장 잘 살 수 있는 부유한 도가 되리라고 믿고 있었습니다."

박정희 대통령이 1965년부터 정례화한 월간 '경제동향보고'에서, 한번은 제주도 일주도로 공사 현황을 촬영한 영상이 상영됐다. 어린 아동들, 나이 많은 노인들, 한창 몸 가꾸기에 애를 써야 될 처녀들, 그야말로 남녀노소 할 것 없이 모두가 함께하는 광경에 회의에 참석한 모든 정부 장관들이 크나큰 감명을 받는다. 공사장에서 자갈과 모래를 운반하는 모습을 보고, 제주도에 우선적으로 투자하는 데 대해 불평을 늘어놓던 일부의 목소리는 쏙 들어간다.

'하늘은 스스로 돕는 자를 돕는다'는 진리를 대통령은 귀가 따갑도록 강조했다.

제주도의 여러 가지 투자 사업에 있어 정부에서도 일부 부처나 어떤 장관들까지도 왜 제주도에 자꾸 투자를 하려고 하느냐, 제주도는 인구를 따지면 육지에 있는 어떤 군의 규모밖에 안 되는데 투자를 많이 하려고 하느냐고 불평을 하는 사람들이 있었습니다. 그러나 나는 '그것이 아니다!' 이것입니다. 스스로 잘살아 보겠다고 노력을 하고, 근면하고, 자립 정신이 강한 그런 주민에 대해서는 정부는 가장 우선적으로, 중점적으로 도와야 되겠고, 또 앞으로도 계속 돕겠다는 것이 나의 방침입니다.

자조 정신이 강한, 고장 발전을 위해 스스로 할 수 있는 일은 최대한 스스로 하는, 그런 지역을 어느 곳보다 우선적으로 도와야 된다.

　　국회의원들이 와서 자기 지역 도로를 포장을 해야 선거 때 표가 많이 나온다느니, 어쩌느니 하면서 서로 해 달라고 야단입니다. 하지만 그런 주장에 나는 관심이 없어요. 누가 정부에 대해서 협조를 많이 하느냐가 중요한 것입니다.

이런 일이 반복되면서 정부 모든 관료들의 인식도 확연하게 달라진다.

제주도 일주도로 포장공사는 1961년의 제주항~공항 도로 포장을 시작으로 1963년부터 본격화되어, 7년 만인 1970년 10월 1일 1차 포장공사를 마무리한다. 일주도로 포장 완료로 제주도를 버스로 일주하는 데 12시간 걸리던 것이 절반인 6시간으로 단축되었다. 당시 도로폭은 4미터였는데, 박정희는 이때 이미 일주도로를 4차선까지 확장하는 구상을 하고 있었다.

　　도로가 된다고 해서 덮어놓고 좋아할 것이 아닙니다. 성산포 사는 사람들이 과거에는 여기서 성산포까지 가자면 버스를 타고 춤을 추다시피 하며 갔는데, 편안하게 가게 된다는 것만이 목적이 아닙니다. 가는 데도 편안히 가게 됐지만, 이 도로를 제주 개발을 위해서 어떻게 잘 이용하느냐, 어떻게 활용을 하느냐 하는 것을 잘 연구해야 합니다. 육지에도 고속도로가 건설됐습니다. 경부고속도로에 이어 호남고속도로가 지금 일부

됐고, 3월달에 가면 서울서 동해안 강릉까지 가는 고속도로가 착공이 되고, 연차적으로 돼 갑니다. 이것은 자동차 타는 사람들이 빨리빨리 구경 다니기 위해서 그렇게 많은 돈을 들여 가지고 도로포장 하는 것이 아닙니다.

첫째는 생산을 해야 되겠다, 이것입니다. 이 도로를 이용해서 산업을 개발하고, 경제를 건설하고, 우리가 보다 더 잘살 수 있는 그러한 나라를 만들기 위해서 막대한 돈을 들여 가지고 도로 건설을 하고 포장을 하는 것입니다.

특히 주민 여러분들에게 내가 또 한 가지 부탁하고 싶은 것은, 지금 포장이 겨우 4미터 폭밖에 되지 않았습니다. 앞으로 이 도로 하나 가지고 부족해요. 이러한 도로가 둘이 같이 나란히 가도록 해야 합니다. 이것은 물론 많은 돈이 들어가기 때문에 당장은 안 되지만, 이 도로 옆에다가 도에서 '접도구역'이라고 말뚝을 갖다가 박을 것입니다. 표시가 돼 있는 안에는 여러분들이 일체 건물을 짓지 말라는 것입니다. 그래야 다음에 길을 또 하나 낼 수 있습니다. 앞으로 차량이 더 많아지고 제주도가 개발이 더 되면, 지금 4미터 폭 가지고 도저히 안 됩니다. 그때 길을 더 넓히기 위해서는 길옆에 건물을 지어서는 안 된다는 것입니다. 그 접도구역 안에는 건물을 짓지 말고 땅을 남겨 두면, 정부가 그 옆에다가 길을 또 만들어서 경부고속도로와 같이 4차선으로 달릴 수 있는 넓은 길이 생길 수 있을 때에 우리 제주도는 한층 멋있는 제주도가 될 것입니다.

당시 총길이 181킬로미터, 약 450리 되는 제주도 일주도로를 포장하는 데 든 공사비는 총 10억 원이다. 그중 4분의 1가량은 도민들이 부담한 것이었다. 지금의 제주도, 세계적인 관광지로 확고하게 자리 잡은 제주도가 어떻게 이룩됐는지, 이제 이해가 되는가?

서독에서 길을 보다

"한국에서 천사들이 왔다!"

"이렇게 성실한 민족은 도와줘야 한다!"

서독이 들썩인다. 수천 미터 지하 갱도에서 자신의 몸을 돌보지 않고 석탄으로 범벅이 된 채 일하는 한국인 광부들, 피투성이 환자들을 아무 거리낌 없이 안아 씻기고 아픈 환자들을 자기 가족처럼 돌보는 한국인 간호사들의 활약상이 입에서 입으로 퍼져 나간 것이다. 언론들은 이러한 광경을 글로, 사진으로, 영상으로 연일 내보냈다. 감격한 여론은 들불처럼 커져 서독 국민들의 마음을 움직인다. 마침내 국회의원들도 목소리를 높였고, 참으로 기상천외한 결의안이 채택되기에 이른다.

"한국의 대통령을 초청해 우리의 마음을 전하자."

얼마 후, 독일연방공화국 하인리히 뤼브케 대통령의 초청장이 청와대에 도착한다. 박정희가 1963년 12월 17일 제5대 대통령으로 취임하며 제3공화국을 연 직후다. 세계 어느 나라도 눈길을 주지 않은 상황인지라, 신흥 강국 독일연방공화국의 공식 초청은 더없이 반가운 일이 아닐 수 없었다.

초청은 받았으나

"어서 오시오, 백 교수."

일등공신 백영훈 박사를 청와대 현관까지 나가서 반가운 목소리, 상기된 표정으로 맞는다.

"일이 잘 풀리려는 듯하오. 서독 정부의 초청을 받았소. 힘들겠지만 다시 한 번 도와줘야겠소."

이날로 대통령의 통역사로 임명된 백영훈 박사는 수행원들과 함께 채비를 갖춰 나간다.

들뜬 마음으로 출국만을 손꼽아 기다리고 있던 어느 날, 긴급회의가 소집된다.

"서독으로 갈 비행기가 없습니다!"

"아니, 노스웨스트 에어라인하고 계약된 게 아니었나?"

"그랬지요. 그런데 무슨 영문인지 갑자기 취소했습니다."

청와대 회의실에는 무거운 침묵만이 흐른다. 다들 심각한 표정이었다. 당초 5만 달러에 20일 동안 사용하는 조건으로 미국 항공사인

노스웨스트 에어라인 비행기를 빌렸었다.

"쿠데타로 집권한 한국 군인이 미국 비행기를 이용하면 다른 나라를 자극하게 됩니다."

미국 의회가 들고 일어나자, 이러한 분위기를 무시할 수 없었던 항공사가 갑자기 예약을 일방적으로 취소해 버린 것이다. 출발 일정을 열흘 앞두고 벌어진 너무나도 황당한 일이었다.

"상황이 급박하니, 백 박사가 나서야 하지 않겠소?"

대통령 특사로 임명된 백영훈 박사는 곧장 서독으로 날아간다. 참으로 구차한 출장길이다. 떠나기 전에 서독 정부에는 대통령의 방문 일정을 조율한다는 명목으로 대통령 비서실장, 노동부 차관 등과 약속을 잡아 놓는다. 처음부터 항공편을 도와달라는 말을 할 수가 없었던 것이다.

현지에 도착한 백영훈 박사는 안절부절못했고, 얼굴에는 난처한 기색이 역력했다. 그러다가 부끄러움을 무릅쓰고, 떨어지지 않는 입을 간신히 연다.

"한국에는 비행기가 없습니다. 서독이 잘사는 나라이니, 제공해 주면 안 되겠습니까?"

너무나 기가 막힌, 어처구니없는 상황에 서독의 관료들도 아무 말 없이 한동안 백영훈 박사를 물끄러미 쳐다보더니, 서로 무언의 암시를 나눈다.

"일단 돌아가 계십시오."

더 이상 어찌할 도리가 없이 '비행기 구걸 특사'는 한국으로 돌아온다. 그리고 며칠 동안 청와대에는 침묵만이 흐른다. 이후 서독 정부로부터 아무런 연락이 없었기 때문이다.

"서독에 가기는 아무래도 힘들 것 같습니다."

꿈에 부풀어 준비해 온 서독 방문이 무산되는 위기에 처하자 청와대의 분위기는 침울하기만 했다. 일국의 대통령이 비행기가 없어서 귀하디귀하게 마련된 외교를 할 수가 없게 됐다니….

"서독에서 연락이 왔습니다! 항공편을 제공해 주겠답니다!"

1964년 12월 2일, 여명을 뚫고 희소식이 날아들었다. 서독 방문 예정일 사흘 전의 일이었다. 그런데 국가원수들이 흔히 타는 전용기는 아니었다. 홍콩을 경유해 서독으로 들어가는 루프트한자 649편 보잉707 여객기가 일시적으로 항로를 변경해 김포공항에 들러서 가는 것이었다. 그것도 감지덕지였다.

험난한 여정, 역사적인 만남

1964년 12월 6일.

박정희의 카랑카랑한 육성이 김포공항에 울려 퍼진다.

"한국과 독일은 다 같이 2차 대전이 끝난 지 어언 20년이 지났어도 전후 처리에 미결의 숙제가 남아 있는 불행한 지역입니다. 따라서 국토 양단이라는 공통의 비운을 함께 지니고 있는 서독을 방문해 한국 국민의 뜨거운 우정과 절실한 민족 통일의 결의를 전달하고, 공동의 과제를 수행할 광범위한 문제들에 관해 격의 없이 논의할 기회를 갖게 된 것을 매우 기쁘게 생각하는 바입니다."

육영수 여사가 단아한 모습으로 함께 단상에 서고, 좌우에는 이효상 국회의장, 정일권 국무총리 등 요인들이 늘어서고, 환송 나온 군중은 손에 손에 태극기를 들고 흔들었다.

오후 1시 40분, 대통령 내외와 장관들은 1등석으로, 다른 수행원은 이코노미석의 빈자리를 골라 앉았다. 대한민국의 대통령을 실은 민간 항공기는 그렇게 김포공항을 떠나 홍콩, 방콕, 뉴델리, 카라치, 카이로, 로마, 프랑크푸르트를 거치는 장장 28시간에 걸친 질곡의 여정을 감내해야만 했다.

멀고도 먼 길 내내 박정희는 흐트러짐 없이 꼿꼿했으나, 몸은 내내 굳어 있었고 표정도 그리 밝지 않았다. 당시 우리나라는 1962년부터 시작된 제1차 경제개발 5개년계획의 후반기에 들어서면서 곧이어 제2차 계획에 착수해야 하는 참으로 중차대한 시기였다. 박정희의 어깨는 무거웠다. 그의 머릿속은 경제 부흥을 이룬 서독을 배워야만 혁명의 약속을 지킬 수 있을 것이라는 생각뿐이었다.

'아시아의 프로이센인이 온다.'

한국 대통령의 방문을 보도한 서독 유력지 〈프랑크푸르터 알게마이네 차이퉁〉의 헤드라인이다. '프로이센인'이란 근면하고 검소하고 규율적인 독일인을 상징하는 말이다. 즉, 독일인들이 스스로를 자랑스럽게 여길 때 쓰는 표현을 한국 대통령에게 적용한 것이다. 광부들, 간호사들 그리고 박정희 그를 독일인의 특성과 일체화하며 친근감을 높이려는 의도다.

대통령 일행은 28시간 비행 끝에 현지 시간 12월 7일 오전 9시 40분 쾰른 공항에 도착, 뤼브케 대통령과 에르하르트 총리의 영접을 받는다. 짤막한 도착 성명에는 각오와 다짐이 듬뿍 담겨 있다.

"참혹한 전쟁이 스쳐간 폐허 위에서 눈부신 번영을 이룩한 독일 국민의 위대한 노력에 대해 만강의 경의를 표하는 바이며, 이번 방문을 통해 그 눈부신 업적을 확인할 것입니다."

서독에 도착한 첫날 밤 8시, 뤼브케 대통령은 관저에서 양국의 원수와 비서실장, 통역만 참석하는 오붓한 비공식 만찬을 연다. 시종 환한 미소로 정담을 건네던 뤼브케 대통령은 의욕과 패기 넘치는 그에게 여러 가지 호의적인 암시를 건넨다. 다음 날은 쾰른시를 둘러보는 일정이 잡혀 있었다.

"쾰른으로 가려면 아우토반을 달리겠군요. 아우토반은 우리의 자랑이지요. 아우토반은 독일 부흥의 상징이랍니다."

아우토반이란 독일 자동차전용도로, 그러니까 고속도로다. 뤼브케 대통령은 이렇게 말하고, 본~쾰른 간 고속도로는 1928년에 착공해 1932년 8월에 완공된 것이라며 간략한 설명을 이어 갔다. 이후 집권한 나치 정권은 전쟁으로 중단될 때까지 3,860킬로미터의 아우토반을 완성했다. 당시 독일의 아우토반은 세계에서 자동차가 가장 빨리 달릴 수 있는 도로라는 명성을 떨치고 있다.

아우토반을 달리다

12월 8일, 박정희를 태운 승용차가 본을 출발해 쾰른으로 향한다. 두 도시를 잇는 20킬로미터는 아우토반으로 연결돼 있었고, 주행 속도는 시속 160킬로미터였다.

"여기부터 아우토반이 시작됩니다."

통역으로 수행하는 백영훈 박사가 일러 준다.

"그래요? 그러면 봐야지. 차를 세우시오."

이렇게 그는 쾰른으로 가는 길과 본으로 되돌아오는 길에 모두 차를 멈추게 한다. 아우토반의 노면, 중앙분리대, 교차 시설 등을 주의 깊게 살피고, 천천히 걸으며 앞뒤로 펼쳐진 고속도로의 선형을 한참 동안 바라본다. 생각이나 감정을 밖으로 잘 드러내지 않는 그의 예사롭지 않은 행동을 수행원들은 의아한 눈으로 지켜볼 뿐이었다.

"에르하르트 총리는 아우토반에 진입할 때, 그리고 인터체인지를 벗어날 때 마음속으로 아우토반에게 항상 경의를 표한다고 합니다."

뤼브케 대통령의 특별지시로 안내를 맡은 의전장이 자랑스러운 표정으로 아우토반의 면면을 소개한다. 박정희는 다시 차에 올라서도 의전장에게 고속도로에 관해서 소상히 캐묻는다. 고속도로 건설은 어떻게 하느냐, 관리는 어떻게 하느냐, 건설비는 얼마나 드느냐, 그 돈은 어떻게 마련하느냐, 건설 장비와 동원 인력은 어떻게 되느냐…. 경제 전문가로서 고속도로에 관해 해박한 지식을 가지고 있는 의전장도 성심을 다해 설명한다. 어느새 준비했는지 서독 지도를 펴 놓고 고속도로망을 설명한다.

"고속도로망은 서베를린을 중심으로 전국에 뻗어 있어, 어디서나 30분 이내에 아우토반에 진입할 수 있습니다. 아우토반은 독일의 상징이자 꿈입니다. 독일 국민은 고속도로를 잘 유지 관리하는 것이 국가에 대한 고마움을 표하는 것이라 믿고 있습니다."

자긍심으로 똘똘 뭉친 의전장의 설명을 귀담아 들으면서 박정희는 간간이 메모를 한다. 메모지 한쪽에 우리나라 지도를 그리고 일필휘지, 그림인 듯 글인 듯 여러 가지 생각을 그리고 적어 넣는다.

호텔로 돌아와 저녁 7시로 예정된 뤼브케 대통령 주최 공식 만찬을 기다리는 동안, 깊은 생각에 잠겼던 박정희가 수행하던 장기영 부총리와 비서실장을 보며 불쑥 질문을 내던진다.

"고속도로를 달려 보니 기분들이 어떻습니까?"

12월 7일부터 14일까지 일주일의 서독 방문 일정 동안 그는 제철소, 자동차 공장 등을 비롯한 여러 산업 시설을 쉴새없이 찾아다닌다. 그리고는 어느 한 곳, 어느 하나 놓치지 않겠다는 생각인 듯 세세하게 묻고 꼼꼼하게 둘러본다.

그중에서도 가장 깊고도 크게 관심을 보인 것이 아우토반이었다. 국가 재건을 어디서부터, 어떤 일부터 시작해야 할지를 놓고 시름하던 그였기 때문이다. 스스로 길을 닦는 일을 가장 먼저 손댈 사업으로 선택했고, 이즈음에는 의욕적으로 추진 중인 제주도 횡단도로 포장 공사가 한창 진행되고 있었기 때문에 도로 관련 기술은 그에게 시급하고도 간절한 지식이었다.

서독 방문 이틀째인 12월 8일, 한·서독 정상회담 후 뤼브케는 박정희에게 독일 최고 훈장인 특등십자대공로훈장을, 박정희는 뤼브케 대통령 내외에게 대한민국 최고 훈장인 무궁화대훈장을 수여한다.

이튿날 12월 9일에는 교포 조찬회가 열렸다. 전날 뤼브케 대통령과의 정상회담이 시종 우호적이어서 어느 정도 '성과'를 기대할 수 있었던 터라, 치사에 나선 박정희의 어조에는 서독 도착 후 처음으로 자신감이 듬뿍 배어 있었다. 이날 치사도 방점은 국가 재건에 있었다.

멀고 먼 유럽의 하늘 아래서 이같이 여러분을 만나게 돼 기쁘기 한량없습니다. 동병상련의 독일을 방문해 양국의 공통 문제를 의논한 소감은, 한마디로 통일에 대해 같은 생각을 가지고 있다는 사실입니다. 분단이야말로 세기의 최대 비극이며, 이 같은 부조리와 모순이 제거되지 않는 한 진정한 평화는 보장되지 아니할 것입니다. 역사의 철칙은 '하나에로의 환원이며 통일'인 것이고, 또 이것은 정당한 역사의 방향인 것입니다. 이 통일은 다만, 그 방법과 시기가 남아 있을 뿐입니다. 여기에는 오직 온 국민들의 확고한 신념과 결의만이 남아 있을 뿐이며, 특히 여러분과 같은 젊은 세대의 분발과 의욕에 기대되는 바 절대한 것이 있습니다.

우리는 결코 외롭지 않습니다. 우리는 이제 미주와 서구로 연결되는 넓은 세계로부터의 다변적 협력의 길이 열려 있음을 기쁘게 인식해야 할 것입니다. 남은 문제는 이러한 국제협력을 어떻게 효과적으로 받아들이고, 우리 자신의 실무적 역량과 실효적 태세를 어떻게 확립하느냐 하는 것입니다. 고도의 국제협력을 기할 수 있는 우리 자신의 태세 확립과 실력 구비는 더욱 간절히 요청되고 있는 우리의 당면한 과제인 것입니다.

길, 철, 석유

12월 9일 루트비히 에르하르트 총리와의 정상회담에서, 대한민국 현대사의 물줄기를 바꾸는 역사적인 대화가 오간다.

외국의 정상을 맞는 의례적인 절차가 끝나고, 에르하르트 총리와 마주한 박정희가 작심한 듯 입을 뗀다.

"우리 국민 절반이 굶어 죽고 있습니다. 우리 국민 전부가 실업자입니다. 우리 군인들은 거짓말 안 합니다. 빌린 돈은 반드시 갚겠습니다. 도와주십시오. 라인강의 기적을 우리도 만들고 싶습니다."

가난한 나라의 생존, 배곯는 국민의 생계 문제를 짊어진 지도자, 이제 마흔일곱의 젊은 지도자는 애원하고 또 애원한다. 그렇게 간절했고, 양어깨가 너무나도 무거웠다.

"왜 쿠데타를 했습니까?"

에르하르트 총리가 직설적으로 물었다. 이 물음에는 많은 뜻이 내포돼 있었다. 이날의 만남이 의례적인 인사를 나누고 가식적인 미소와 웃음을 나누는 형식적인 대화가 이어지는 자리가 아니었음을 잘 보여 주는 대목이다.

"우리 한국도 서독과 마찬가지로 공산 국가들로부터 위협을 받고 있습니다. 공산 국가들을 이기려면, 우선은 잘살아야 한다고 생각합니다. 내가 혁명을 한 이유는 정권을 탐해서가 아닙니다. 정치가 어지럽고 경제가 피폐해져 '이대로는 대한민국이 소생할 수 없다'는 위기의식 때문이었습니다."

진정성 있는 답변에 에르하르트 총리도 공감하는 듯 연거푸 고개를 끄덕인다.

전후 서독 제2대 총리 에르하르트는 앞서 1949년부터 1963년까지 초대 경제부장관을 지내며, 탁월한 경륜을 바탕으로 '라인강의 기적'을 이끌었다. 패전으로 피폐해진 서독, 그 속에서 절망하고 있던 국민들 앞에 '모두를 위한 번영'이라는 슬로건을 내걸고 진두지휘한 결과였다. 그 때문에 에르하르트 총리는 지금도 '서독 부흥의 아버지'로 칭송받는다.

"한국을 도와주십시오. 우리도 여러분이 이룬 라인강의 기적처럼 한강의 기적을 만들겠습니다. 그런데 우리에게는 돈이 없습니다. 돈을 빌려주면, 반드시 국가 재건을 위해 쓰겠습니다."

박정희는 국가원수로서의 체면 따위는 아랑곳하지 않은 채 손바닥을 펴서 내밀며, 그야말로 구걸하는 간절한 눈빛으로 하소연을 이어 갔다. 사명감에 넘치는 박정희의 말에 감화된 듯, 잠시 뒤 에르하르트가 손을 내밀어 그의 손을 힘주어 꽉 잡는다. 영웅은 영웅을 알아본다는 백락일고(伯樂一顧)가 바로 이런 것 아닐까?

이어 에르하르트가 차분하게 자신의 경험담을 풀어 놓는다.

"독일 경제 부흥의 요인은 첫째가 기본 공업 투자를 정부가 앞장서서 한 것입니다. 둘째는 사회간접자본을 확충한 것입니다. 셋째는 시장경제 체제를 빨리 복구시킨 것입니다. 넷째는 경영경제 체제로 유도한 것입니다. 다섯째는 자유로운 산업의 기회를 부여한 것입니다. 그리고 여섯째는 중소기업 육성에 힘쓴 것입니다."

박정희는 에르하르트 총리의 조언을 진지한 표정으로 경청하면서 간간이 고개를 끄덕인다. 5·16혁명의 동기도 그렇고, 이후 국가 재건을 위해 노심초사해 온 그였기에 에르하르트의 교과서적인 조언이 금시초문은 아니었다. 1962년부터 제1차 경제개발 5개년계획에 착수해 기초적이나마 경제 기반을 다져가고 있던 터이기도 했다.

'됐어! 우리나라에 대한 애정이 깊은 사람을 만난 것 같군.'

박정희의 눈이 희망으로 빛났다. 3년 전 미국을 방문했을 때 어디를 가도 냉랭했던 분위기와는 전혀 다르다는 것을 직감으로 느낀 것이다.

에르하르트는 경제장관 때인 1950년대 말에 한국을 방문한 일을 얘기하며 조언을 이어 간다.

"경제장관 할 때 한국에 두 번 다녀왔습니다. 한국은 산이 많던데, 산이 많으면 경제 발전이 어렵습니다. 고속도로를 깔아야 합니다. 독일은 히틀러가 아우토반을 깔았습니다. 고속도로를 깔면 그다음에는 자동차가 다녀야 합니다. 국민차 '폴크스바겐'도 히틀러 때 만든 것입니다. 자동차를 만들려면 철이 필요하니 제철공장을 만들어야 합니다. 연료도 필요하니 정유공장도 필요합니다. 경제가 안정되려면 중산층이 탄탄해야 하는데, 그러려면 중소기업을 육성해야 합니다. 우리가 돕겠습니다. 경제고문도 보내겠습니다."

서독이 성장 가도를 달릴 수 있었던 비결은 고속도로가 있었기 때문이라며, 열과 성을 다해 고속도로의 필요성을 역설한다.

"나는 아우토반에 진입할 때, 그리고 인터체인지 램프를 돌아 나올 때, 마음속으로 아우토반에게 경례를 합니다."

익히 듣던 말을 에르하르트가 자기 입으로 다시 꺼낸다. 앞서 뤼브케 대통령도 고속도로의 중요성을 언급했고 더욱이 아우토반을 직

박정희 대통령(왼쪽)이 에르하르트 서독 총리(오른쪽)와 회담 중 뭔가 내놓으라는 듯 왼손바닥을
펼쳐 보이는 제스처를 하고 있다(1964. 12. 9). 가운데는 통역을 맡은 백영훈 박사

접 달려 본 뒤였기에 반복되는 설명이 지루했을 수도 있었지만, 박정희는 한결같이 진중한 표정으로 경청한다.

"일본과도 손을 잡아야 합니다. 독일은 프랑스와 열여섯 번을 싸웠습니다. 독일 사람들은 지금도 프랑스에 한이 맺혀 있습니다. 하지만 전쟁이 끝난 뒤에 우리 콘라트 아데나워 총리가 프랑스 드골 대통령을 찾아가 화해를 했습니다. 한국도 그렇게 했으면 좋겠습니다. 그러는 것이 공산주의를 막는 길이기도 합니다."

박정희의 눈이 다시 한 번 번쩍이며 얼굴이 붉어진다. 너무나도 파격적인 발언이었기 때문이다. 한편 불편한 마음도 있었지만 돈을 꾸러 간 궁색한 처지라서 억누르려 했지만, 한일 관계를 모르지 않을 에르하르트가 화해를 하라니…. 박정희는 고개를 곧추세우고 에르하르트 총리의 눈을 똑바로 바라보며, 자신은 다른 생각임을 분명하게 밝힌다.

"우리는 일본과 싸운 일이 없습니다. 매일 맞기만 했습니다."

에르하르트는 잠시 주춤하고는, 예상했던 반응이라는 듯이 차분하게 다시 말을 이어 간다.

"지도자는 미래를 봐야 합니다."

정상과 정상이 만나는 외교 자리에서 스승이 제자를 가르치듯 하다니, 보기에 따라서는 대단한 결례일 수도 있었다. 이래서 지도자의 길이 외로운 것 아닐까? 아무리 수치스런 상황도 기회로 탈바꿈시켜야만 하는 책무까지 주어져 있으니 말이다. 박정희는 갈등에 빠진다. 수천만의 생계를 짊어진 가난한 나라의 지도자가 선택해야 하는 길은 무엇일까? 서독을 다녀온 바로 이듬해인 1965년, 외롭고 기나긴 싸움 끝에 마침내 한일 협정을 매듭짓게 되는 데는 이날 이후의 고민도 작용하지 않았을까?

에르하르트와 정상회담 후 저녁 8시, 뤼브케 대통령과 에르하르트 총리를 비롯한 서독의 주요 인사들이 함께한 만찬이 있었다. 이날도 에르하르트는 진지한 태도로, 한국이 직면한 과제들을 풀어 낼 처방을 조언한다.

"경제 발전에는 도로·항만 등 기간시설의 정비가 선행돼야 합니다. 아우토반은 비록 나치 집권 시절에 이룬 일이기는 하지만 우리에게는 고마운 일이 아닐 수 없습니다. 백 년 앞을 내다본 이 거대한 사업은 마땅히 정당한 평가를 받아야 한다고 생각합니다. 한국은 도로 사정이 썩 좋지 못한 줄 압니다. 개발도상국에서 고속도로 건설이란 엄두도 못 낼 사업이지만, 독일 국민은 우리가 겪은 그러한 시기에 산업 동맥 건설을 성취한 것을 자랑스럽게 여기고 있습니다."

그리고 이어진 에르하르트의 마지막 말에 박정희는 깊은 동지애마저 느낀다.

"분단국으로서는 경제 번영만이 공산주의를 이기는 길입니다."

박정희의 평소 지론과 한 치도 다름없는 말이다. 참으로 소중한 인연이고 만남이었다.

만찬이 끝난 뒤, 에르하르트 총리는 아무런 담보나 조건 없이 2억 마르크를 우리나라에 제공하겠다는 파격적인 지원을 약속한다.

12월 10일 박정희 대통령 일행이 우리 광부들이 일하는 루르 탄광을 찾아갔을 때의 눈물겨운 장면은 몇 번 되돌려 봐도 감동이 아닐 수 없다.

석탄가루에 찌든 모습으로 기다리던 광부들 앞에서, 박정희 대통령과 육영수 여사가 나란히 단상에 올랐다. 독일인 광부들로 구성된 밴드가 애국가를 연주한다. 그런데 쩌렁쩌렁하게 울려 퍼져야 할 애국가의 노랫소리가 들리지 않았다. 여기저기에서 나지막하게 따라 부르기는 했으나, 흐느끼는 울음소리에 노래가 묻혀 버린 것이다. 초청된 광부 500여 명 모두 고개를 숙인 채, 간간이 손목을 들어올려 눈물을 훔치고 있었다.

애국가 연주가 끝나고 박정희가 연단으로 걸어 나갔다.

"만리타향에서 이렇게 상봉하게 되니 감개무량합니다."

짧은 인사말 끝에 연설이 갑자기 멈췄다. 박정희는 고개를 숙인 채 더 이상 말을 잇지 못하고 있었다. 이심전심, 여기저기서 광부들의 흐느낌이 흘러나오더니 어느덧 통곡으로 변하고 있었다. 말을 잇지 못하던 박정희가 준비해 간 연설문 원고를 옆으로 밀어놓고는, 가슴 깊이 묻어 놓았던 울분을 토해 낸다.

"이게 무슨 꼴입니까? 가슴에서 피눈물이 납니다. 광부 여러분, 가족이나 고향 생각에 괴로움이 많을 줄 알지만, 조국의 명예를 걸고 열심히 일합시다. 비록 우리 생전에는 이룩하지 못하더라도 후손을 위해 남들과 같은 번영의 터전만이라도 닦아 놓읍시다. 열심히 합시다. 나도 열심히… 우리 후손만큼은 결코 이렇게 타국에 팔려 나오지 않도록 하겠습니다. 반드시…."

연설이 다시 멈췄다. 손수건을 들어 거듭 눈물을 훔치는 박정희의

(위) 서독의 산업시설 모형을 둘러보는 박정희 대통령(1964. 10). 동병상련의 분단국 서독 방문은 경제적 성과와 반공 의지의 재확인은 물론, 3년 전 혁명 직후부터 실험중이던 '길에서 길 찾기'에 더욱 확신을 갖게 하는 계기가 되었다.

(아래) 파독 광부와 간호사들을 위로하기 위해 함보른 탄광을 찾아 장내를 눈물바다로 만든 연설을 한 직후 아직도 상기된 박정희 대통령과, 손수건으로 눈물을 찍어 내는 육영수 여사(1964. 12. 10)

모습에, 함께한 서독 관료들도 눈시울을 붉힌다.

연설이 끝나고 대통령 내외는 광부 한 사람 한 사람의 손을 맞잡고 어루만진다. 그리고 이별의 시간. 행사장은 통곡의 바다가 된다. 내키지 않는 걸음을 내딛던 대통령 내외는 다시 돌아서 광부들을 향해 손을 흔든 뒤에 승용차에 오른다. 광부들은 승용차에 몰려들어 문을 붙들고 서서는 통곡을 멈추지 않는다.

훗날 박정희는 서독 방문에 즈음해 느낀 소회를 이렇게 적었다.

"독일의 부흥은 종전 이후 '마아샬(마셜) 플랜'에 의해 진행된 미국의 막대한 원조가 많은 힘이 됐다는 점을 절대 간과할 수는 없다. 그러나 외국의 원조를 최대한 효율적으로 사용하고, 근면과 내핍으로 오늘의 번영을 이룬 독일 국민들에게서 많이 배우고 교훈으로 삼아야 할 줄로 안다. 개인이나 국가나 그들의 자립 능력이 부족할 때 남의 도움을 받는다는 것은 필요한 일이다. 그러나 남의 도움을 받는 자는 남의 도움을 받아서 하루바삐 스스로 자립하겠다는 정신이 강렬해야만, 남이 도와준 것이 참다운 도움이 되는 것이고 도와준 보람도 있는 것이다. 하지만 그러한 정신이 결핍돼 있을 때에는 그들 스스로의 자립은커녕 오히려 남에게 의지만 하겠다는 의타심만을 조장해서 자립 능력을 감퇴시키는 결과를 초래하지 않을까 혼자서 곰곰이 생각도 해 봤다."

이후 박정희의 행보는 우리 현대사뿐 아니라 나아가 세계사의 새로운 이정표가 된다. 세계에서 가장 가난한 나라 대한민국이 세계 10대 경제 대국으로 발돋움하는 길을 제시하는 이정표였다.

과연 할 수 있을까

서독을 방문한 1964년은 국제적으로 혼란이 연속되는 엄중한 시기였다. 미국에서는 한 해 전 암살된 케네디 대통령을 승계했던 린든 존슨이 대통령 선거에서 재선에 성공했고, 소련에서는 흐루쇼프 서기장이 물러나고 브레즈네프가 집권하는 정변이 있었다. 가까운 중국에서는 핵 실험이 있었고 동남아 정세 또한 매우 불안했다. 각국은 자국의 실리를 추구하는 정책을 펴 나가고 있었다.

무엇보다 북한의 집요한 위협이 계속되고 있었다. 박정희는 민정 이양으로 대통령에 취임한 지 6개월 만에 비상계엄까지 선포해야 했다. 혼란스러운 내외 정세 속에서도 경제 건설은 서둘러야만 했다. 모든 국민의 각성과 분발이 촉구되지 않을 수 없었다.

서독 방문을 마치고 돌아온 박정희의 생각이 더욱 깊어진다.

'남들은 전쟁이 남기고 간 폐허 위에 번영을 이룩하고, 또 거친 사막을 개척해 그 위에 풍요한 사회를 건설한다. 그런데 우리는 소중한 지난 20년 동안 과연 무엇을 했는가?'

1965년은 해방을 맞은 지 20년, 전쟁의 포화가 멈춘 지 15년이 되는 해였다. 이즈음 우리나라는 경제개발 5개년계획을 토대로 공업 건설을 뒷받침할 전력·석탄·유류 등 동력원을 충분히 확보한 상황이었다. 기간산업도 많이 진척시켜 일할 수 있는 토대를 마련했고, 1964년 수출액도 1억 2천만 달러를 실현한 터였다. 5·16혁명 이후 국가 재건만을 목표로 쉼 없이 달려온 성과였다.

이즈음 박정희 대통령의 고민은 1월 1일 신년사에 오롯이 담겨 있다.

"세계 속의 한국은 진정 크나큰 각성과 변혁과 전진이 요구되는 시련기에 처해 있습니다. 2차 세계대전이 남기고 간 폐허의 잿더미 위에 번영의 극을 이룩하고, 거친 사막을 복지 사회로 건설한 강인한 민족들의 자랑스러운 모습도 장합니다. 그런데 그뿐만 아니라, 세계의 크고 작은 모든 나라들은 서로가 앞을 다투어 경제 건설에 필사의 노력을 다하고 있습니다. 그야말로 현대의 세계는 강렬한 경쟁의식 속에 자유와 번영의 영광된 역사의 피안에 힘써 도달하려는 여러 민족국가들의 몸부림으로 넘쳐흐르고 있습니다. 민족국가의 재건과 중흥에 뛰어난 업적을 쌓을 수 없었던 우리들이 지금 그리고 장차 이 치열한 경쟁과 몸부림의 세계 속에서 과연 어떻게 적응하고 전진해 나갈 것인가, 실로 안타깝고도 한없이 벅찬 일이 아닐 수 없는 것입니다. 우리 모두가 각성하고 분발할 때는 온 것입니다. 격변하는 국제 사회, 진보하는 현대에 살면서 우리만이 낙후된 민족사를 희망하고 실의의 나날로 남의 구원이나 요행만을 무기력하게 고대할 수는 없습니다."

1월 16일, 대국민 담화문을 겸한 국회 연두교서에서는 정치인, 공무원, 그리고 국민 모두에게 뼈저린 반성과 각성, 그리고 정부와 국회와 국민의 일치된 마음을 호소한다.

남들은 이미 전쟁이 남기고 간 폐허 위에 번영을 이룩하고 또 거친 사막을 개척해 그 위에다가 풍요한 사회를 건설했습니다. 그런데 우리는 이 소중한 지난 20년 동안 과연 무엇을 했는가를 돌이켜 볼 때, 뼈저린 반성과 자책의 심회를 누를 길 없습니다. 우리는 놀고 있을 때 그들은 땀을 흘렸고, 우리가 소비할 때 그들은 저축을 했으며, 우리가 내일을 잊고 오늘만을 생각할 때 그들은 오늘을 굶주리며 내일을 걱정했습니다. 이제는 그들이 웃을 때 우리는 수심에 잠겨야 하고, 그들이 번영 속에 삶의 보람을 느낄 때 우리는 아직도 가난을 걱정하지 않을 수 없게 됐습니다.

하지만 결코 때가 늦은 것은 아닙니다. 국민 모두가 자립에의 굳센 의지와 불굴의 용기로써 일터로 나가며, 있는 것은 아끼고 보다 많이 만들고 더욱 더 벌어들인다면, 머지않아 우리도 지난 20년의 무위를 회복할 수 있습니다. 이제부터는 우리도 이를 악물고 땀 흘려 일을 해야만 합니다. 혼란과 답보 속에 덧없이 흘러간 지난 20년의 묵은 때를 벗고 진정 일다운 일을, 뜻있는 일을 시작해야 합니다.

그러나, 과연 할 수 있을까?

여덟 개의 한강다리

1965년 1월 25일에 제2한강교 개통식이 있었다. 제주도 도로 건설에 이어 길로써 맥을 잇는 또 하나의 시험이 성공리에 마무리된 것이다. 마포와 영등포를 잇는 서울의 서쪽 관문인 제2한강교는 한강철교를 제외하면 제1한강교(한강인도교, 현 한강대교)에 이은 두 번째 한강다리로, 박정희 대통령의 주도로 1962년 6월에 착공해 2년 7개월 만에 개통했으며, 지금은 양화대교로 불리고 있다. 제2한강교가 개통되면서 서울의 교통난이 크게 완화되었고, 우리나라의 심장부인 서울의 눈부신 발전이 여기서 출발한다.

"일찍이 남의 손으로 만들어진 제1 한강 인도교로써 수도 서울의 면모를 유지할 수밖에 없었던 지난 수십 년을 돌이켜 본다면, 우리의 손으로 만들어진 이 다리야말로 우리에게 경제 자립에의 희망과 자신을 안겨다 주는 고무적인 건설의 지표가 아닐 수 없습니다. 더욱이 우리는 증산과 수출에 병행해서 건설을 3대 목표의 하나로 설정하고 있습니다. 수도 서울의 제2의 관문이라 할 수 있는 이 웅장한 교량이 우리의 자본과 우리의 기술만으로 완성을 보았다는 데에서 커다란 기쁨과 자랑을 느끼는 것이며, 중첩하는 어려움 속에서도 우리의 과업이 또 하나 대견한 매듭을 지었다는 데에서 오늘 벅찬 감회를 금치 못하는 바이올시다."

박정희는 경제 자립을 말할 때마다 언제나 '길'을 앞세우고 있었다. 그리고 그 '길'을 통해 끊임없이 가능성을 시험하고 있었다. 더욱이 이 다리는 '우리의 자본과 우리의 기술만으로' 완성해 낸 다리다.

제2한강교 기공식이 열린 것은 5·16혁명 1년이 막 지난 때였다. 당시 박정희 의장은 치사에서 이렇게 천명했다.

"우리는 비단 제2의 한강교 건설에 만족하지 않고 계속해 제7, 제8의 한강교까지 건설을 밀고 나갈 것입니다."

사람들은 깜짝 놀랐다. 박 의장이 스케일 큰 인물이라는 것은 익히 알고 있지만, 1917년 한강인도교 개통 후 55년 만에 두 번째 한강다

(위) 제2한강교(현 양화대교) 기공식에 참석한 박정희 의장(왼쪽, 1962. 6. 20)
(아래) 제2한강교 개통식에서 테이프커팅을 하는 박정희 대통령(가운데, 1965. 1. 25)

리를 겨우 새로 놓기 시작하는 판에 제7, 제8의 다리라니….

제2한강교 건설을 주관한 국토건설청 김용회 국토보전국장은 이렇게 회고한다.

"경제적인 건설이나 효율적인 투자 등에 대해 고정관념이 박혀 있는 살림꾼의 사고방식에서 보면, 대통령의 말씀은 실로 상상 외의 방대한 구상으로 들렸습니다."

사실 박정희는 혁명 직후부터 늘 이런 식이었다. 당시 런던의 템스강, 뉴욕의 허드슨강 등에는 10여 개씩의 다리가 건설돼 있었다. 하지만 그것은 부자 나라의 이야기이고 우리의 처지와는 다르다는 생각에 다들 사로잡혀 있을 때, 우리나라를 선진국과 같이 만들어 보겠다는 의욕에 불타던 박정희는 생각하는 스케일도 달랐다.

박정희의 장담처럼, 이후 제2한강교를 건설해 낸 자신감을 바탕으로 한강을 가로지르는 다리들이 대통령 임기 내내 하나 둘씩 잇따라 건설된다. 경부고속도로 개통을 준비하며 제3한강교(1969, 현 한남대교), 이어서 마포대교(1970), 잠실대교(1972), 영동대교(1973), 천호대교(1976), 그리고 1979년 10월에 성수대교가 완공된다. 박정희 집권 기간 중 건설한 여덟 번째 한강다리 잠실철교(1977 착공)가 1979년 10월 30일에 완공되지만, 안타깝게도 박정희는 그 나흘 전 눈을 감은 뒤였다.

마지막 매듭, 대일 관계

이즈음에는 서독을 비롯한 유럽 여러 나라와의 경제 협력이 논의

되고 있었을 뿐 아니라 잠시 소원했던 미국과의 관계도 회복돼 가고 있었다.

1965년 6월, 박정희는 집권 후 두 번째로 미국을 방문한다. 로스앤젤레스 한인회가 마련한 환영식에서, 나라를 반드시 바로 세우겠다는 열의와 역사적 소명에 대한 간절함을 토해 낸다.

오늘날 한국의 민주주의가 보는 사람의 각도에 따라서는 아주 비관적으로 보는 사람이 있습니다. 또는 실망을 하는 사람도 있습니다. 그러나 우리는 절대 비관하지 않고 실망하지 않고, 우리는 희망을 가지고 용기를 잃지 않고 있는 것입니다. 후진국가에 있어서 민주주의가 성장하는 과정에 있어서 반드시 이러한 과정을 겪었다는 것을 우리 또한 남의 나라 역사에서 알고 있는 것입니다.

문제는 우리 국민들이 어떻게 하면 접속을 하고 단결을 하고 민주주의 국가를 이뤄 보겠다는 우리 민족들의 열의와 용기와 인내심 이것만이 필요한 것이지, 오늘의 현실 그 자체가 한국에 대해서 비관을 하거나 낙담을 할 그런 문제는 아니라고 생각합니다. 우리의 가난이라는 것은 우리 조상들로부터 물려받은 우리의 유산인 것입니다. 이것이 1세기 동안에 하루아침에 빈곤이라는 것이 없어지고, 한국의 민주주의가 성장하고, 한국의 근대화가 이루어지고, 이러한 조급한 생각을 가져서는 안 됩니다. 우리들 세대에 이것이 이루어지지 못하면, 우리 다음 세대에서 반드시 한국은 근대화돼야 되겠고, 우리도 서구의 선진국가와 같이 잘살 수 있는 복지 사회를 이룩해야겠다는 것입니다.

우리는 여기서 절대로 후퇴를 할 수 없습니다. 또다시 못사는 나라, 가난한 나라, 빈곤한 나라, 이러한 불미스러운 유산을 우리의 자손에게 물려줄 수 없는 것입니다.

1965년 미국 방문 분위기는 혁명 직후였던 1961년과는 사뭇 달랐다. 전국 도시를 순회할 때마다 카퍼레이드가 펼쳐졌고, 미국 국민들은 큰 박수로 대통령 내외를 반겼다.

달라진 분위기를 실감할 수 있게 하는 일화가 있다. 일정 중에 미국 육군사관학교(웨스트 포인트)를 방문해 생도들을 사열하는 행사가 있었다. 미 육사는 외국 국가원수가 방문하면 생도들이 퍼레이드를 열어 주거나, 기념품을 증정하거나, 생도들을 상대로 연설을 하는 등의 특권을 제공하는 전통이 있다. 그런데 박정희 대통령이 요구한 특권은 달랐다.

"지금 받은 특권으로, 지금 교정에서 벌을 받고 있는 생도들을 사면하겠습니다."

이에 교장은 그 자리에서, 학칙 위반으로 벌을 받고 있던 생도 260명에 대한 특사령을 내렸다. 식사를 하고 있던 생도들이 기립박수로 답례했고, 박정희 대통령은 식당 2층에서 손을 흔들어 화답했다. 당시 현장에서 기립박수를 친 생도들 다수가 임관 후에 모두가 기피하던 한국 근무를 자원했다고 한다.

이제 남은 외교적 숙제는 한일 국교 정상화였다. 서독을 방문했을 때 이 문제를 언급한 에르하르트 총리에게 정색을 하고 반박한 그였다. 하지만 쓰디쓴 약도 때론 먹어야 하는 것이 세상의 이치. 에르하르트의 조언은 이후 내내 뇌리에 깊이 박혀 있었다.

미국 방문 전, 1965년 연두 교서에서 이미 그러한 고민이 읽힌다.

"양국의 번영과 안전보장이라는 대국적인 견지에서 조속한 타결이 필요하다고 생각합니다. 한일 양국의 현안이 비단 두 나라만의 문제가 아니라, 세계 자유 진영의 유대 강화를 위하는 안목에서 일본과의 선린관계를 하루속히 수립하고자 우리는 그 문호를 열어 놓고 있는 것입니다. 가부간 올해 안으로는 우리나라의 권익을 최대한으로 보장하는 방향에서 매듭을 짓고자 하는 것입니다."

일본과의 국교를 정상화하는 한일협정은 해방 20년 만인 이해 6월 22일 매듭지어진다. 이때 타결된 무상 3억 달러, 유상 2억 달러의 대일 청구권 자금은 이후 포항제철 건설과 원자재 도입 등 '수출 주도 공업화'를 위해 긴요한 자금으로 쓰인다.

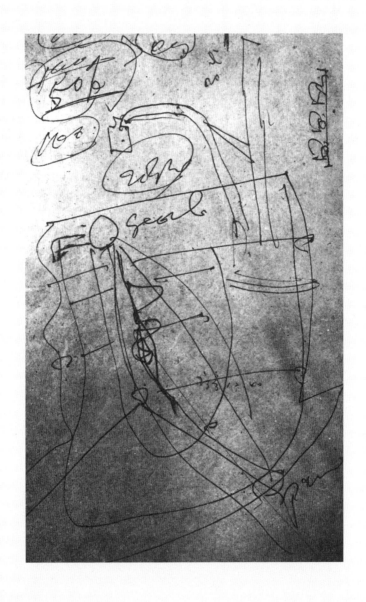

박정희 대통령이 스케치한, 'Seoul'을 머리로 하는 큰대(大)자 한반도 고속도로망

길에 미친 사람들

5·16혁명 이듬해 1962년부터 5년 단위로 추진된 경제개발 5개년 계획은 국토 개발부터 사회 혁신까지 정부의 정책 방향을 포괄하는 종합계획이었다. 여기에는 아직 '국토종합개발계획'이 포함되어 있지 않았다. 1967년부터 시행된 제2차 경제개발 5개년계획 중에도 도로 예산은 주로 국도를 포장하거나 유지 보수하는 일에 중점을 두고 있었다. '유료도로 건설' 143킬로미터에 예산 32억 원 남짓이 눈에 띄지만, 여기서 유료도로란 지금과 같은 고속도로를 의미하는 것이 아니었다.

당초의 제2차 경제개발 5개년계획에 고속도로 건설 계획이 포함되지 않았다는 사실은 여러 자료에서 확인할 수 있다. 계획 첫해인 1967년 3월 24일에 경인고속도로가 먼저 착공되고 곧 이어서 경부고속도로가 착공된 것에 주목할 필요가 있다. 고속도로라는 대역사가 정책 입안부터 실행되기까지 이처럼 빠를 수는 없다. 즉, 고속도로 건설 계획은 경제개발 5개년계획과는 별도의 경로로 추진됐음을 알 수 있다.

그러면 고속도로는 과연 어느 시점에 시작됐을까? 그 궤적을 거슬러 올라가 보자.

고속 자동차도로의 꿈

1950년대 중반, 미국의 도로 상황을 둘러보고 돌아온 도로기술 공무원들이 '고속도로'에 관심을 갖게 됐다는 기록이 있으나, 당시 대한민국은 고속도로를 달릴 만한 자동차도, 고속도로를 통한 운송·물류도 꿈꾸기 힘든 수준이었다.

10년쯤 지나 1966년 11월, 전예용 건설부장관이 『도시개발과 국토개발: 세계각국을 돌아보고』라는 저서를 펴낸다. 책에는 세계 각국의 국토 개발 현황과 함께 '자동차 전용도로'에 대한 내용이 포함돼 있었다. 1967년부터 1년여 동안 경인고속도로와 경부고속도로의 건설을 지휘한 주원 건설부장관의 "국토 및 도시계획을 위한 고속도로 투자기준"이라는 논문도 눈에 띈다.

이즈음 일본에서는 여러 노선의 고속도로가 속속 개통되고 있었다. 그로 인해 일본이 빠르게 성장하고 있다는 사실을 알게 된 정부 일각에서는 "고속도로에 대해 진지하게 연구해 보자"는 분위기가 조성되고, 이러한 흐름 덕에 서울과 인천을 잇는 고속도로 계획조사와 설계용역이 추진된다.

하지만 당시 우리나라의 형편으로는 고속도로 건설은 단지 소망일 뿐, 대규모 토목사업을 감당할 여력이 없었다.

"필요하고, 시급하다는 건 알겠는데…."

그런데 어디선가, 누군가에 의해서 그 소망의 싹은 자라고 있었다.

1966년 5월 15일, 주목할 만한 조사연구가 착수된다. 행정개혁조사위원회가 한국산업능률본부에 '우리나라의 공로(公路)와 운수행정'에 관한 연구를 맡긴 것이다.

작성된 보고서에는 공로 건설 재원 조달 방안, 차량 수급 방안, 운수업체 육성 방안 등이 제시돼 있었다. 또한 향후 교통 수요가 급증할 것이라는 예측을 토대로 교통 소통의 문제점을 지적하고, 고속 자동차도로의 필요성을 강조하고 있었다.

보고서가 특히 '고속도로'의 개념을 명확히 제시했을 뿐만 아니라 건설 효과를 이론적으로 증명하고 있다는 점은 큰 의미를 담고 있다. 비로소 현대적인 고속도로에 대한 조사연구가 이뤄졌다는 뜻이기 때문이다.

무엇보다 눈에 띄는 대목은, 오래전부터 서울과 부산을 곧바로 연결하는 고속도로가 구상되고 있었다는 점과, 이를 위한 재원 조달 방안으로 외국 차관을 언급하고 있다는 것이다.

건설부는 20개 구간 1,733킬로미터의 유료 고속도로 건설 계획을 수립하고 서울~인천, 서울~수원 고속도로를 건설하기 위해 세계은행(국제부흥개발은행, IBRD. 지금의 월드뱅크)에 차관을 신청 중에 있다. 이외에도 서울~부산을 최단거리로 연결할 고속도로를 외국차관으로 건설하려는 계획을 구상 중에 있다.

행정개혁조사위원회는 1964년 4월 24일부터 1973년 2월 1일까지 약 9년간 존속한 기관이다. 대통령 직속으로 출범하여 1970년 7월부터 국무총리 소속으로 변경됐다가, 1973년 1월에 행정개혁위원회로 명칭이 변경된다. 중앙행정기관은 물론 지방자치단체, 정부가 관리하는 기업체 등의 제반 업무에 대해 조사연구하는 기관이 움직였다는 사실은 무엇을 말하는 것일까? 그리고 그 조직은 누구의 지시로 고속도로에 대해서까지 파고든 것일까?

철도 중심에서 도로 중심으로

"해보자! 우리도 할 수 있다!"

제6대 대통령 선거운동이 한창이던 1967년 4월 29일 장충단공원. 유세 연단에 오른 박정희 대통령은 당시로서는 참으로 획기적인 공약을 내세운다. '대국토 건설계획'이다.

"대국토 건설계획을 발전시켜 고속도로·철도·항만의 건설과 한강·낙동강·금강·영산강 등 4대강 유역의 종합개발을 제2차 경제개발 5개년계획 기간중에 착수하겠습니다."

1차 5개년계획 때부터 국가기간고속도로를 구상하며 여러 가지 여건과 가능한 시기를 기다리고 있던 그의 입이 열렸다. 오랫동안 연구·구상해 온 고속도로 건설 계획이 여기에 포함됐고, 국민들은 '고속도로'라는 생소한 용어를 처음으로 듣게 된다. 앞선 정부에서 잠정적인 국토계획 기본구상과 특정 지역 개발계획을 발표한 적은 있었지만, 그때까지 '고속도로'라는 단어는 사용한 적이 없었다. 그때까지만 해도 도로 부문 국토발전계획은 주요 간선도로의 정비나 고속화의 필요성을 강조하는 데 머물러 있었고, 고속도로와 같은 장기적이고 체계적인 도로건설계획에 대한 언급은 없었다.

이때는 1962년부터 1966년까지 진행된 제1차 경제개발 5개년계획이 성공적으로 마무리돼 국가경제에 생기가 불어넣어진 시기였다. 1964년 5월 울산정유공장이 준공돼 아스팔트의 대량 생산이 가능해졌고, 6월에는 현대건설이 시멘트공장을 준공해 생산 시설도 확충됐으며, 해외 도로 건설 경험도 생겼다. 즉, 미흡하나마 우리의 힘만으로도 고속도로를 건설할 수 있는 바탕은 마련된 셈이었다. 국가 재건에 자신감이 차오른 상황이라고 할 수 있다.

1967~71년까지를 추진 기간으로 하는 제2차 경제개발 5개년계획은 사업 규모 면에서나 성장 목표 측면에서나 1차계획보다 월등히 높은 기대치를 제시하고 있었기 때문에 고속도로 건설을 더 이상 늦출 수만은 없는 상황이었다. 2차 5개년계획은 공업화 기반 강화를 통해 산업 구조를 근대화하고, 수출 중심의 성장을 적극 추진해 자립경제의 기반을 더욱 든든히 다지는 데 중점을 두고 있었다.

이런 계획대로 성장 목표가 달성될 경우 2차 산업의 성장률은 20

퍼센트를 상회할 것으로 기대하고 있었다. 특히 이 계획의 전략은 공산품 수출에 중점을 두고 수립됐기 때문에 수출 촉진, 관세 인하, 수입 제한 완화 등을 함께 추진해야 하는 상황이었다. 이러한 조치는 수출 실적을 높이는 효과가 있을 것이니, 수출 목표 역시 1차계획 때보다 훨씬 높게 책정했다.

이러한 계획을 달성하기 위한 선결 과제는, 물류 증가에 대비해 낙후한 기존 도로망을 시급하게 개선하는 일이었다. 국가경제의 급속한 성장에 따라 사회간접자본 가운데서 특히 공로의 시설용량을 확충해야 한다는 세계은행의 「교통조사 보고서」도 자극제가 됐다. 2차 5개년계획에서는 중공업 입국을 정책 목표로 삼았기 때문에 육상 운송 체계의 과감한 개혁이 불가피한 상황에 이른 것이다.

장충단 유세 사흘 뒤인 5월 2일 박정희는 기자회견을 자청하여 고속도로 건설 계획을 구체적으로 설명한다. 남한 지도 안에 큰 대(大) 자를 써넣은 포스터까지 준비해 보이면서 전국을 '일일생활권'으로 묶는 고속도로를 건설하겠다며 자신감을 드러낸다.

"대국토 건설사업은 조국 근대화의 기본설계의 하나입니다. 서울을 중심으로 인천, 강릉, 부산, 목포를 잇는 고속도로 건설을 기필코 이뤄 내겠습니다."

철도 중심에서 공로 중심으로 전환시키는 교통 체계의 일대 개혁을 선언한, 실로 놀라운 공약이었다. 여기에는 1960년대 이전의 소극적 역할에 급급해 온 교통 체제를 적극적인 역할로 전환시켜 공업 부문의 개발은 물론 우리 경제를 도약 단계로 올려놓겠다는 포부가 담겨 있었다.

당시의 경제 상황을 보면, 섣불리 고속도로 건설을 언급할 형편이 못 됐던 것은 사실이다. 제1차 경제개발 5개년계획이 기대 이상의 성과를 냈다지만 그 정도의 성과로는 아직은 고속도로는커녕 낡은 국도를 보수하는 일조차도 여의치 않았다. 그러니 시간이 필요했을 것이다.

다 계획이 있었다

5·16혁명 이후 정부는 도로 정책을 적극적으로 펼치겠다는 의지로 국토건설사업을 담당하는 부서를 개편하는 한편으로, 경제 전문가를 광범위하게 기용해 왔다. 이후 1963년 7월까지 추진할 잠정적인 「국토계획 기본구상」을 내놓는다. 여기에는 서울, 인천, 아산만, 영산강, 태백산 등의 개발 계획이 들어 있었다.

1963년 10월 14일 「국토건설종합계획법」을 제정한 데 이어, 12월 16일에는 이 법을 개정하는 것과 동시에 시행령을 공포해 법제상의 체제를 갖춘다. 제5대 박정희 대통령 취임 하루 전의 일이다.

1964년 3월에는 대통령 직속 '국토건설 종합계획 심의회'가 구성된다. 당시 실시된 국토조사는 훗날 꾸려지는 고속도로 건설계획의 기초가 되고, 이 국토건설계획에 '대(大)'가 더해져 '대국토 건설계획'이 된다. 2년 뒤인 1966년부터는 당시 건설부에서도 수송난 해결 방안으로서 고속도로 건설론이 대두돼 교통에 관한 조사연구를 시행하기도 한다.

그러나 당시 우리나라는 재정·기술·장비 등 모든 여건이 고속도로 건설은 감히 엄두도 낼 수 없는 상태였다. 그래서 도로 관계자들도 고속도로 건설이 그리 쉽사리 실현되리라고는 기대하지 않은 채, 기존 국도를 포장하는 일이 당면한 수송난 해결책이라고 여기고 있던 차였다.

그런데 어느 순간부터 발걸음이 바빠졌다. 제1차 경제개발 5개년계획 기간중 1964년 5월 7일 울산정유공장이 완공되어 아스팔트를 생산할 수 있게 된 것도 고속도로에 대한 자신감에 힘을 보탰다. 2차 5개년계획 첫해인 1967년 즈음에는 대구 제3공업단지, 포항종합제철 등이 앞서거니 뒤서거니 준공된다. 이렇게 경제 규모가 커지면서 물류 수요가 급증하게 된다.

고속도로의 필요성이 점점 커지고 있던 그때, '현명한 지도자'의 머리에서는 차근차근 국가 대동맥의 밑그림이 그려지고 있었다. 박정희는 세계 각국의 고속도로에 관한 기록을 밤늦도록 검토하고, 전문가들로부터 연구보고서를 제출받기도 한다. 하지만 사안이 사안인 만큼 비밀 유지에 만전을 기한다. 고속도로 건설 구상이 외부에 알려지기라도 하면, 우리나라 경제 현실을 이유로 반대 여론이 비등하게 될 것이 너무도 뻔했기 때문이다. 이럴 경우 미처 착공도 하기 전에 고속도로 건설의 꿈을 접을 수도 있었기 때문이다.

그렇게 수면 아래서 때를 기다리던 야심찬 구상은 그리 머지않은 날에 현실로 이어진다. 1968년 2월 1일 경부고속도로부터 시작된 그 대장정은 이후 1968년 12월에 확정된 고속도로망을 기초로 한 '국토계획 기본구상', 1971년 7월에 성안되는 '국토종합개발계획' 등으로 이어진다. 그리고 '위대한 도전'이었던 이러한 일련의 계획들은 하나씩 둘씩 실현돼 국가기간도로망으로 굳건히 자리매김한다. 참으로 자랑스러운 기적의 역사가 아닐 수 없다.

그런데 이러한 '땀과 눈물의 대장정'을 다른 시각으로 보는 이들도 있다. 그 대표적인 것이 '앞뒤가 뒤바뀐 국가 경영'이라는 평가다.

"모든 개발사업의 상위 개념은 국토개발계획이다. 그러니 고속도로 건설은 마땅히 국토개발계획이 완성된 다음에 그에 따라 이루어져야 하는 것이 정석이다."

초기의 고속도로 건설, 즉 경부고속도로와 경인고속도로 그리고 호남고속도로의 대전~전주 구간이 국토개발계획이 확정되기 앞서 완공된 사실을 두고 하는 말이다.

물론 그렇다. 오늘날과 같이 넉넉한 상황이라면, 그런 순서와 체계적인 절차에 따라야 하는 것이 마땅하다. 하지만 고속도로가 그 무엇보다 시급했던 당시 우리나라의 특수한 여건을 돌이켜볼 필요가 있다.

박정희의 알려지지 않은 6개월

"고속도로가 뭐야?"

"우리 형편에 그게 되겠어?"

"선거에서 이겨 보려고 급조해서 공약 하나 만들어 냈군."

고민하고 또 고민한 끝에 고속도로 건설 계획을 내놓았는데 반응은 시큰둥했다. 언론들은 공약(公約)이 아닌, 공약(空約)으로 해석하며 외면했다. 정부의 후속 발표도 없었고, 언론에서도 일체 언급하지 않았다.

그러는 동안 1967년 5월 3일 대통령 선거에서 박정희는 신민당의 윤보선 후보를 누르고(51 대 41) 재선에 성공, 7월 1일에 제6대 대통령에 취임한다. 그러나 선거 유세 때 공약으로 발표한 고속도로 건설 계획은 이후 별다른 진전이 없어 보였다. 한 해가 거의 저물어 가도록 후속 조치에 대한 정부의 발표는 나오지 않고 있었다. 언론에도 고속도로와 관련한 보도가 일체 없었다. 고속도로 건설에 호의적이지 않은 여론 때문에 포기했거나 보류했거나, 그야말로 선거를 위한 공약(空約)이었으려니 판단했을지도 모른다.

하지만 고속도로의 꿈은 대통령을 중심으로 무럭무럭 자라고 있었다. 제2차 경제개발 5개년계획 기간 안에 경부고속도로를 착공하겠다고 공약했지만, 속마음은 달랐다. 착공이 아니라 이 기간 중에 완공까지 밀고 갈 결심이었다. 그랬기 때문에 다른 어떤 국사보다 우선해 고속도로 관련 자료들을 수시로 꺼내 보며 노심초사했다.

겉으론 잠잠하던 고속도로 문제가 본격적으로 다시 거론된 것은 1967년 11월 7일 청와대 연석회의에서다. 이 자리에서 고속도로에 대한 열띤 토론이 벌어지고, 경부고속도로 건설 계획이 확정된다. 그런데 4월 29일 장충단 유세와 5월 2일 기자회견에서 거듭 고속도로 건설 계획을 발표한 후 11월 7일 건설 계획 확정까지에는 6개월이 조금 넘는 공백이 있다. 이 기간이 대통령에게는 가장 외롭고 힘든 고비였을지 모른다.

경인, 경부고속도로 건설 전후인 1967, 1969, 1971년 박정희 대통령의 신년 휘호들
"우리의 전진 목표는 조국 근대화와 국토 통일이며, 이러한 목표를 향한 전진에는 더욱 큰 시련이 있을 것입니다. 그러나 국력이 약하면 나라가 기울고, 나라가 일어서려면 국력을 길러야 한다는 것은 흥망성쇠의 기복이 무상했던 인류 역사의 산 교훈입니다"(1971년 신년사에서).

丁未元旦 大統領 朴正熙

싸우며 건설하자
1969년 1월 1일
대통령 박정희

중단없는전진
1971년 1월 1일
대통령 박정희

180억에서 650억 원까지

　가장 먼저 부딪힌 장벽은 역시 돈이었다. 오래전부터 수집해 온 세계 여러 나라의 자료를 비교·분석하며 고민했지만, 선진국들이 고속도로 건설에 투입한 천문학적인 예산은 당시 우리의 재정 능력에 비추어 볼 때 꿈도 꿀 수 없는 수준이었다. 일본만 하더라도 1킬로미터당 약 10억 엔, 우리 돈 8억 원 정도가 들었다. 이 가격에 서울에서 부산까지 430킬로미터를 건설하려면 자그마치 3,500억 원, 당시 우리나라 국가예산(1967년 1,643억 원)의 두 배가 넘는 돈이 필요했다.

　경부고속도로 건설에 투입할 사업비를 결정하는 과정에는 알려지지 않은 것들을 포함해 많은 곡절이 있었다. 하지만 확실한 것은, 1967년 10월 즈음부터 돈 문제에 대통령이 직접 나섰다는 사실이다. 건설부·경제기획원·재무부 등 관련 정부 부처는 물론 서울특별시, 심지어 육군 공병감실에까지 건설비 산출을 지시한 것이다. 민간으로는 태국의 고속도로 건설에 참여하여 관련 기술을 습득한 현대건설에 같은 요청을 보냈다.

　대통령은 고속도로의 총연장이 430킬로미터라는 사실만 알려주고 규모나 구조 등에 관해서는 구체적으로 언급하지 않았다. 또 기관·업체마다 개별 통보했기 때문에 지시나 요청을 받은 기관·업체들은 모두 자기들에게만 내린 지시나 요청으로 알았으므로 각기의 경험과 두뇌를 모아서 추정 공사비를 산출해 11월 20일까지(육군 공병감실은 11월 23일) 청와대에 제출했다.

　특히 도로를 관장하는 주무 부처인 건설부의 어깨가 무거웠다. 고속도로가 대통령의 최대 관심사였을 뿐만 아니라, 외부에 알려지면 안 되는 극비사항이어서 더욱 그랬다. 서정우 국토보전국장, 서영관 도로과장, 송한섭 계장 등 마음이 급해진 건설부의 추진요원 몇몇이 서울 청진동에 있는 경기여관에서 밤샘작업에 돌입한다.

이미 3월부터 서울과 인천을 잇는 '경인유료도로' 공사를 진행하고 있던 건설부로서는 대규모 토목공사가 처음은 아니다. 하지만 경부고속도로는 경인유료도로와는 차원이 달랐다. 거리, 지형 등 사업 규모 자체가 비교할 바 아니었기 때문이다.

건설부는 지도에 가상 노선을 그려 넣고 종단면을 설계하는 방식으로 도상작업을 거듭한 끝에 총 공사비를 650억 원으로 추정해 낸다. 일본 메이신(名神)고속도로와 도메이(東名)고속도로의 건설비가 1킬로미터당 8억 원 정도가 쓰였다는 점, 그리고 앞서 착공된 서울~인천 구간의 공사비가 주요 기준이 됐다.

"300억 원 이내로 할 수는 없는가? 건설 수준이 좀 낮더라도 우선 개통하고 나서 나중에 보완해 나가는 방식이 어떨까?"

건설부의 보고를 받는 대통령의 표정은 어두웠다. 나라의 재정 형편을 고려한다면 '선개통·후보완' 방식으로 추진하는 것이 현명하겠다는 생각을 내심 하던 차였기에 넌지시 의중을 비춘다. 그러나 건설부는, 고속도로는 한번 만들어 놓으면 추후에 뜯어고치기가 쉽지 않으므로 적어도 20년 앞을 내다보는 수준급의 길을 만들어야 된다는 입장이었다.

"고속도로는 초기부터 완벽하게 건설해야만 합니다."

서울시는 추정 사업비를 180억 원으로 보고한다. 서울의 시가지 도로 건설 양식을 기준으로 한 것이었는데, 고속도로에 적용하기에는 부족한 점이 많았다.

재무부는 세계은행의 원조로 건설된 후진국들이 사례를 참고해서 330억 원, 육군 공병감실은 건설부 의견을 참작해 490억 원으로 보고한다. 경제기획원은 경험이 없다는 이유로 추정 공사비 산정을 포기했다.

민간으로는 유일하게 총 사업비 산정에 참여한 현대건설의 정주영 사장은 이전부터 수시로 대통령의 부름을 받고 고속도로 건설에 대한 기술 자문을 해 온 터였다. 정주영은 이미 정부 부처들보다 앞서 1967년 3월경에 경부고속도로 사업비를 산출해 달라는 요청을 받았다. 우리나라에서는 유일하게 고속도를 건설한 경험이 있는 업체였기 때문이다.

"인터체인지 하나를 만들려 해도 무려 1억 원이 넘게 들어가는군. 우리는 그 절반이나 3분의 1 값으로, 5천만 원 이내에서 하고 싶은데, 그렇게 안 되겠나?"

현대건설 정주영 사장은 어느 날 밤 열 시가 넘어 부름을 받고 청와대로 달려갔더니 대통령이 서재에서 고속도로에 관한 많은 서적을 펼쳐 보이며 이렇게 질문했다고 적어 남겼다.

"손수 인터체인지의 선형을 그려 보이기도 했고… 이런 일이 여러 번 있었습니다. 그때 공사비를 걱정하는 대통령의 뜻을 충분히 이해하고, 태국에서 고속도로를 직접 시공한 경험 있는 기술사원을 총동원했어요. 권기태 부사장을 중심으로 해서 서울부터 부산까지 여러 번에 걸쳐 답사도 했습니다. 그러고 나서 나름대로 노선을 정했고, 4

차로를 기준으로 개략적인 예산을 산정해 냈습니다.”

현대건설은 이때 경비행기를 동원한 공중 답사와, 전 구간을 네다섯 차례나 왕복하는 육로 답사를 병행한다. 2개월 동안의 고된 작업을 거듭한 끝에 공사 물량을 산출하고 개략적으로 산출한 총 사업비가 280억 원이었다.

하지만 현대건설이 제시한 280억에 대해 의문을 제기하는 시각이 많았다. 공사 내역이 정확하게 제시되지도 않았고 어떤 기준을 적용했는지도 밝히지 않아서 이는 아직도 의문으로 남아 있다. 결과적으로 경부고속도로 건설에는 420억 원이 넘는 비용이 들었으나, 당시로서는 추정 공사비를 자세히 산출할 수도 없는 상황이었다. 노선이 이리저리 바뀌고 교량 등 구조물도 어떻게 설치될지 모르는 상황이 아닌가.

도로를 관장하는 건설부의 의견이 가장 강경했다. 공사비뿐만 아니라 설계 기준, 시공 방법, 공사 기간 등 모든 것을 포괄한 건설부의 계획안을 기본 원칙으로 삼아야 한다고 주장하고 나선 것이다.

“180억 원을 가지고 430킬로미터의 고속도로를 닦을 수 있다? 그럼 어디 서울시청에다 이 공사를 한번 맡겨 보자!”

“태국에서 하이웨이를 건설해 봤다고 큰소리를 치는 모양인데, 고속도로에 관해 그만큼 안다는 회사가 280억 원을 써냈단 말인가? 280억 원으로 날림공사를 해 놓고 그다음에는 누구를 골탕 먹일 참인가?”

강경한 주장을 편 사람은 서정우 국토보전국장이었다. 이후에도 한 치도 양보하지 않을 기세였던 것은 물론이고, 서울시나 현대건설이 내놓은 추정 사업비에 대해서도 강하게 비판했기 때문에 분위기가 자못 심각해진다. 오죽하면 옆에서 듣고 있던 이후락 비서실장이 발언이 지나치다 싶었는지 끼어들어 무마했다고 한다.

"현대건설을 너무 그렇게 공격할 필요는 없지 않은가?"

고집불통으로 여겨질 만큼 소신에 강했던 서정우 국장은 대통령 앞에서도 거침이 없었다.

"어떻게 좀 더 싸게 할 수는 없겠나?"

"안 됩니다."

서정우 국장은 이전부터 대통령과 마주앉아 고속도로에 대해 연구하고, 건설 방안에 대해 많은 의견을 나눠 온 것으로 알려져 있다. 그랬기 때문에 경부고속도로의 공사비를 뽑아 보라는 지시가 떨어졌을 때 누구보다 반겼고 열의를 보였다.

"서울~부산, 부산~목포, 목포~대전, 그리고 서울~묵호를 하나의 선으로 연결하면 열쇠 모양이 됩니다. 이 열쇠는 바로 우리나라 경제 발전의 열쇠가 될 것입니다."

중앙분리대 폭원을 조정하는 문제가 나왔을 때에도 말이 많았다. 건설부가 내놓은 1차 시안에서 중앙분리대는 측대를 포함시키지 않는 방향에서 3미터 폭원으로 설계돼 있었다.

"2미터나 2.5미터로 안 되겠나?"

토목건설 전문가들 사이에서나 오갈 수 있는 수준의 대화가 대통령과 주무 국장 사이에 오가는 모습은 놀랍다. 어떻게든 건설비를 줄여 보려는 대통령의 고민을 서정우 국장도 모르지 않았지만 답변에는 물러섬이 없었다.

"외국 고속도로의 표준단면을 여러모로 비교 검토해서 최소 하한 치를 잡아 3미터로 정한 것입니다."

어떻게든 해결 방안을 찾고 싶었던 대통령이 이후락 비서실장을 불러 지시한다.

"청와대 동쪽 진입로에 중앙분리대가 있지? 그 폭이 몇 미터나 되는지 비서실장이 나가서 직접 재 보고 오시오."

"180억 원에서 650억 원까지…."

가급적 다양한 변수를 감안해서 해답을 찾아내려던 계획은 결국 수포로 돌아간다. 대통령은 김학렬 수석비서관과 박명근 건설담당비서관에게 종합 검토를 지시한다. 막대한 편차의 원인을 찾는 작업이 즉시 시작되어 주원 건설부장관, 서봉균 재무부장관, 김현옥 서울특별시장, 정주영 현대건설 사장 등 각 기관·업체의 장과 임봉건 대한기술공단 사장 등을 불러 의견을 듣는다. 각 기관의 책임자들이 나름대로 적용한 선출 방식을 설명하자, 추정 사업비가 현격하게 차이 났던 원인이 금세 밝혀진다. 설계 기준·노선·물량·공법 등 모든 부문에서 기준이 달랐던 것이다.

원인은 밝혀졌지만 그 간극을 조정하는 작업은 쉽지 않았다. 어찌 됐든 경부고속도로 건설 사업비를 산출해 내야 하는 건설부 실무진은 고민에 빠진다. 일각에서는 대전부터 김천까지 약 80킬로의 험준한 산악 지역은 도로 폭을 2차로로 좁혀 건설하는 방안을 전제로 520억 원까지 줄이는 방안을 제시하기도 한다. 대통령은 이들 각 안을 비교 검토할 임시작업반을 청와대에 설치해 직접 관리할 필요를 느낀다. 그 결과가 11월 24일, 윤영호 대령을 리더로 하는 4명의 임시 작업반(청와대 파견단)이다.

진통 끝에 1967년 12월 16일에 이르러서야 '선 개통 후 보완' 원칙으로 총건설비는 330억 원으로 잠정 결정되고 전반적인 건설 계획이 수립된다. 1968년 2월 1일에 기공식을 갖고, 공사 진척 중 중앙분리대, 포장 두께 등 일부 공사의 설계기준을 조정하는 방식으로 430억 원으로 증액된 규모의 최종 총사업비를 1968년에 도출해 낸다. 경부고속도로 완공 후 정산한 총 건설사업비가 429억 원이었으니, 이때 산출한 금액과 거의 일치한다.

비밀리에 꾸려진 청와대 파견단

다른 기관들은 모두 추정 공사비 산출 보고를 마쳤다는 소식에 육군 공병감실이 바빠졌다. 11월 23일 공병감 박병순 소장이 직접 보고서를 들고 청와대로 향한다. 여러 기관에서 산출한 추정 사업비가 확연한 차이를 보였고, 그 이유가 설계 기준의 차이에서 비롯된 것으로 밝혀진 며칠 뒤의 일이다. 보고가 끝나자마자 예기치 못한 지시가 떨어졌다.

"유능한 공병장교 중에서 대령급 한 사람, 중령급 한 사람을 차출해 보내 주시오. 고속도로 건설 계획을 다루려면 일거리가 참 많은데, 나를 직접 도와줄 일손이 필요해요. 속히 보내 주면 좋겠소."

대통령은 각기 다른 안들을 비교 검토할 작업반을 청와대에 설치

할 필요를 느낀 것이었다. 공병감실은 즉시 과장회의를 소집해 숙의한 결과 육군본부 조달감실의 윤영호 대령과 공병감실의 박찬표 중령을 추천키로 결정한다. 공병과도 아닌 윤영호 대령이 추천된 것은 그가 한양공대 토목과 출신이기 때문이었다.

이튿날인 11월 24일, 대통령은 비밀리에 '청와대 파견단'을 꾸린다. 파견단은 대통령과 함께 노선을 어떻게 해야 하고, 어떤 방법으로 공사를 해야 되고, 어떤 식으로 우리가 해야 될까 하는 마스터플랜을 작성하는 임무를 맡았다.

당시 우리나라에는 고속도로 건설 용역을 수행할 만한 회사가 없었다. 소규모 건설회사만 몇 있을 뿐이었고, 지금은 굴지의 대기업이 된 현대건설도 당시는 초라하기만 했었다. 지금 같은 사옥 빌딩은커녕 천하의 정주영 사장이 손수 가방을 들고 거래처를 찾아다니던 시절이다. 정부에도 고속도로 같은 방대한 사업계획을 전담할 조직이나 인력이 없었다. 그래서 선택한 길이, 육군사관학교 출신과 건설부 고급공무원 중에서 출중한 사람들을 뽑아서 '핫라인'을 구성하는 방법이었다.

처음부터 명칭이 청와대 파견단이었던 것은 아니다. 공식 기구도 아니고, 소수 인원으로 편성된 임시 전담반 성격으로 고속도로 건설계획 수립에 필요한 제반 기초자료의 정리, 표준도 작성, 공사비 비교 검토, 기타 업무연락 등의 일을 맡았다. 파견단은 대통령 집무실 바로 옆방에서 대통령이 하는 일을 직접 보좌했으니 어떤 의미에서 대통령의 손과 발이었다고 할 수 있다.

도로행정 관련 주무 부처로 건설부가 있고 대통령을 보좌하는 비서실이 있음에도 굳이 전담반을 따로 만들었다는 것은 경부고속도로에 대한 대통령의 열정을 잘 보여 준다. 대통령은 각 기관이 제출한 자료를 파견단과 함께 재검토하는 것은 물론, 직접 예정지를 답사하면서 '우리 처지에 합당한 예산'을 산출하기 위해 각고의 노력을 기울인다. 파견단 구성은 고속도로를 건설하려는 대통령의 의지와 구상을 행동으로 옮기는 첫 단계였다.

청와대 파견단의 업무일지에는 "11월 24일㈎ 업무에 착수"라고 적혀 있다. 박병순 공병감이 대통령의 지시를 받은 바로 이튿날 윤영호 대령과 박찬표 중령이 청와대로 '첫 출근'을 한 것이다. 과연 대통령이 원했음직한, 군인다운 속전속결이었다.

"50만분의 1, 5만분의 1, 2만 5천분의 1, 이렇게 세 가지 지도를 구해 오시오."

청와대 파견단의 첫 번째 임무는 지도 구하기였다. 이때 윤영호 대령을 도와 지도를 수집한 공병감실 운영과의 방동식 소령이 파견단의 일원으로 보강되고, 건설부에서도 박종생 기좌가 합류한다. 10개월간의 미국 연수를 마치고 돌아온 박종생 기좌는 귀국과 동시에 일더미에 파묻히는 신세가 되고 말았다.

윤영호 대령, 박찬표 중령, 방동식 소령, 박종생 기좌 넷으로 구성된 청와대 파견단은 경제수석비서관과 건설담당비서관의 지휘를 받는 것으로 돼 있었지만 실제로는 대통령의 직접 지시에 따라 별도로 움직였다. 파견단은 방대한 업무를 처리하기 위해 휴일도 없이 매일 밤늦도록 작업에만 몰두했다. 사무실은 청와대 신관 2층 경제수석비서관실의 옆방인 307A호실이고 대통령 집무실과는 복도 하나 사이였다. 처음에는 이 방 한 개에서만 작업하다 얼마 지나지 않아 다른 부처의 상황실까지 차지한다. 사무실은 각종 상황판과 수집한 자료와 지도들로 뒤덮여 있었다.

"가족들에게도 물론 얘기를 안 했습니다. 식구들은 그때도 내가 평소처럼 공병감실에 출근하고 있는 것으로 알고 있었지요."

박찬표 중령의 술회다. 퇴근 시각은 자정을 넘기기 일쑤였지만 업무 내용이 대외비였기 때문에 가족들에게도 무슨 일을 하는지 말 못하고, 의심을 사지 않고 하루하루를 무사히 넘기는 것도 쉽지 않았을 것이다.

청와대 파견단의 존속 기간은 '국가기간고속도로 건설계획조사단'이 설치되는 12월 15일까지 20일간이었다. 규모가 작고 존속 기간도 짧았지만 이들이 수행한 작업이 이어 출범하는 경부고속도로건설계획조사단의 토대가 됐다는 점에서 큰 의미를 갖는다. 경부고속도로 사업을 실질적으로 총괄 감독하는 대통령의 손과 발이었다는 점에서 무게감도 가볍지 않다. 청와대 파견단에 소속돼 있던 4명의 증언은 경부고속도로, 특히 알려지지 않은 대통령의 자취를 되밟는 데 소중한 자료가 되고 있다.

3명의 파견단원은 제각기 임무를 맡아 외출하고, 청와대 한 사무실에는 방동식 소령만 연락관으로 남아 있었다. 연락관의 임무는 건설 현장의 진척 상황이나 애로사항을 모아서 대통령에게 보고하는 것이었다. 어느 날 방 소령이 현황 자료를 꾸며서 보고하자 대통령은 고개를 갸우뚱하더니 반문한다.

"그래? 내가 둘러봤더니 안 그렇던데…."

방 소령의 등에서는 식은땀이 흘렀다. 경부고속도로의 서울 관문이 될 경기 광주군(현 성남시) 판교 현장에 '서울부산고속도로 공사사무소'를 설치했는데, 대통령이 아무도 몰래 현장에 다녀온 것이었다. 이런 일이 한두 번이 아니었다. 대통령은 매사 이런 식이었다.

대통령의 고속도로 강의

파견단이 업무에 착수한 지 나흘째인 11월 27일 월요일 아침. 사무실에 윤영호 대령, 박찬표 중령, 박종생 기좌 세 사람이 있었다. 느닷없이 대통령이 들어와

"김장들은 했소?"

"했습니다!"

"곧 할 예정입니다!"

대통령은 빙그레 웃으며 봉투를 내놓았다. 당황한 세 사람은 극구 사양하다가 결국 감사하게 받는 수밖에 없었다.

곧이어 윤영호 대령이 대통령 집무실로 따라 들어가자, 대통령이 특별지시를 내린다.

"어제 일요일에 내가 말죽거리에 갔었는데, 사람들이 어찌나 많이 몰려 있는지 천천히 돌아볼 수가 없었소. 윤 대령이 지금부터 나가서 오늘 중으로 정밀 답사를 하고, 그 결과를 아무도 모르게 나한테만

보고해 줘요."

이어 대통령은 책상 위에 지도를 펴 놓고 특히 중점적으로 답사해야 할 몇몇 지점을 꼽고 나서, 조사 검토해야 할 사항까지 구체적으로 나열한다.

"신갈저수지 쪽은 고속도로가 저수지 서쪽을 경유하는 것이 타당한가, 아니면 그 반대쪽을 지나는 것이 좋은가, 이 두 가지 중에서 판단할 수 있도록 세밀한 자료를 만들었으면 좋겠는데…."

윤 대령, 박 중령, 박 기좌는 즉시 지프를 몰았다. 그리고 말죽거리에서부터 달이내(달래내)고개를 거쳐 신갈에 이르기까지 꼼꼼히 살폈다. 당시 그 지역은 민가도 없고 인적도 드문 외곽이었기 때문에 점심도 굶은 채 하루 종일 돌아다녔다. 이곳만이 아니라 고속도로 예정 노선 어디를 가나 모두 비슷했다.

"어서 들어가시오. 각하께서 아직 집무실에 계십니다."

오후 6시 30분에 청와대로 돌아왔더니 정문 경호관이 많이 기다린 듯 다그치며 말했다. 아니나 다를까, 대통령이 윤영호 대령을 반갑게 맞는다. 대통령의 급한 마음을 읽은 윤 대령은 서둘러 답사 지역의 지형·토질 등에 관한 조사 결과를 보고한다. 대통령은 고개를 끄덕이며, 고민 고민하던 난제를 풀어 낼 해답을 찾았다는 듯이 들뜬 목소리로 말한다.

"그래! 내 생각도 그거였어!"

그리고는 이후락 비서실장을 불러 긴급 지시를 내린다. 대통령의 얼굴은 상기돼 있었고, 기쁨으로 가득한 미소를 머금고 있었다.

"내일 아침에 건설부장관, 서울시장, 경기도지사를 소집해 줘요."

"내일 아침이면, 열 시경이면 되겠습니까?"

"더 빨리, 아홉 시까지 모이도록 해요. 그리고 윤 대령도 꼭 나오고."

이튿날인 11월 28일 오전 9시에 시작된 회의에는 대통령의 호출을 받은 주요 기관장은 물론, 윤영호 대령을 비롯한 경부고속도로 관계 부처 공무원들도 여럿 함께했다.

이 자리에서 대통령은 서울부터 신갈까지의 노선이 어떻게 지나야 하는지에 대해 개괄적으로 설명하고, 경기도지사와 서울시장에게는 용지 매수를 서둘러 달라고 당부한다. 그러자 경기도지사도 서울시장도 당황한 기색이 역력했다.

"땅을 사들이는 것은 좋습니다만, 그 방법을 어찌해야 하는지요?"

"그걸 내가 한번 설명해 보지."

대통령은 미리 준비한 백지와 지도를 펼쳐 놓고는 그동안 꾸준히 해외 자료들을 열람하고 스스로 연구한 실력을 유감없이 풀어 낸다.

"우리가 구상하는 고속도로의 횡단 구성을 여기에다 대충 그려 보면 이래요. 노면의 폭을 22미터, 노체의 두께를 2미터, 구배(기울기)를 1.5퍼센트 정도로 잡았을 때로 계산해 봅시다. 그러면 도로가 점유하는 용지의 폭원은 대략 40미터 정도 돼요. 40미터 폭으로 1천 미터, 즉 1킬로미터의 길을 닦을 경우에 필요한 총 부지는 4만 평방미터가 됩니다. 이것을 평수로 환산하면 대략 1만 3천 평이고. 그리고 서울부터 수원까지 노선 연장을 30킬로미터로 잡아서 곱하기 30을 하면 전체 평수가 나올 것 아니오."

"총평수는 그렇게 산출하면 나오겠지요. 그런데 일률적으로 용지

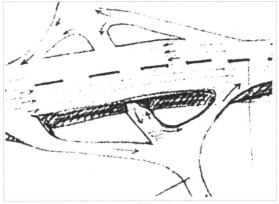

박정희 대통령이 스케치한 저수지 통과 구간, 인터체인지, 국도 교차 구간 개념도

라고 하더라도 임야라든가 전답이라든가 등등의 구별을 따지지 않을 수 없을 거요.”

“그야 물론이지! 이 지도를 봐요. 여기에는 전·답·임야별로 색칠을 따로 해서 구별해 놨어요. 임야와 전답의 분포가 대체로 반반이야. 그러니까 구획별로 세부적인 지가는 차후에 계산하기로 하고, 여기서는 개략적인 평균 지가를 뽑아 보자는 말이오.”

“평당 얼마씩이면 적당할까요?”

“그것도 조사해 놓았어요.”

대통령의 설명이 막힘 없고 거침없이 이어진다. 모두의 눈과 귀는 대통령의 손과 입으로 집중된다. 대통령은 캐비닛으로 가서 서류철을 하나 뽑아 와서는

“이것은 모 시중은행에서 서울~부산 예정 노선의 지가 현황을 조사한 기록이오. 여기 보면 서울~부산 구간의 땅값이 대체로 평당 170원 내지 180원으로 나와 있어요. 은행에서 소문 안 내고 비밀리에 조사한 자료이니까 이 수치는 믿어도 무방하겠지. 그러나 나는 이 값으로 땅을 사라고 말하는 것이 아니오. 경기도에 대해서는 평당 300원으로 계산해서 예산을 배정하겠소. 그러니 300원 이내의 값으로 부지를 확보하시오. 그리고 남는 돈으로 도지사의 재량대로 농지 정리, 수리 시설 개선, 진입로 보수 등에 쓰도록 하시오.”

‘모 시중은행’은 어디일까? 청와대 파견단 방동식 소령의 일지에는 제일은행이 지가 현황을 조사해 대통령에게 보고했다는 기록이 있는데, 그 날짜는 1967년 12월 8일로 적혀 있다. 그러니 11월 28일 이날 대통령이 서울시장과 경기도지사에게 직접 꺼내 보이며 설명한

지가현황 보고서는 그 전에 이미 청와대에 접수된 다른 은행의 보고서라고 보면 된다. 말인즉, 대통령은 청와대 파견단을 구성하기 이전부터, 어쩌면 아주 오래전부터 여러 경로를 통해 부단히 자료를 모아 왔고, 성격상 그렇게 모은 자료를 방치했을 리는 만무하고 연구에 연구를 거듭해 온 것이다.

"빠를수록 좋아. 시간을 끌면 땅값이 춤을 출 것 아니오. 1주일 이내로 끝내 보시오."

"1주일 동안에 말입니까?"

"발벗고 나서면 가능할 거요. 군수와 면장도 함께 뛰어야 되겠지. 당장 땅을 사들이라는 게 아니거든. 우선 지주와 타협해서 기공승락서만 받아 놓는 거요. 토지 측량, 지가 타협, 대금 지불, 뭐 이런 일은 차후 문제야. 기공승락서만 있으면 공사를 착수할 수 있으니, 그 문제라면 1주일 이내에 해결할 수 있을 것 아니오."

이제 박정희와 경부고속도로의 '숙명적 겨룸'이 본격적으로 시작된다. 주지의 사실이지만, 박정희는 윗사람이라 해서 팔짱 끼고 지켜보고만 있을 지도자가 아니다. 직접 진두지휘에 나설 것은 명약관화한 일이었다. 산적했던 과제들이 하나 둘 풀려 가면서, 조국 근대화를 향한 고속도로의 물줄기는 힘차게 발원해 숨 가쁘게 내달린다.

사명감으로 똘똘 뭉친 사람들

윤영호 대령, 박찬표 중령, 방동식 소령, 박종생 기좌와 함께 여러

자료를 검토하던 대통령이 잠시 손을 멈추고 깊은 생각에 잠긴다.

"… 건설부 직원만 가지고는 이런 큰 사업을 추진해 가기가 어렵겠는데…. 그래! 건설부의 기술에 공병장교의 추진력을 더하면 금상첨화가 되겠군."

건설부의 능력을 믿지 못해서가 아니었다. 서울부터 부산까지 천리 길, 사업 규모가 워낙 방대했기 때문에 정부 부처 한 곳에서 모든 일을 감당하기에는 무리가 따를 것은 당연했다. 남다른 사명감도 필요한 일이었다. 그때 떠오른 것이 육군 공병대였다. 오십 평생의 절반을 군에서 보낸 대통령은 그 누구보다 군을 미더워했고, 더욱이 당시 육군사관학교는 어느 교육기관 못지않은 인재를 배출해 내고 있었다. 어쩌면 청와대 파견단을 꾸릴 때부터 대통령은 공병장교를 염두에 두고 있었을 수도 있다. 대통령의 생각은 이후락 비서실장을 통해 육군 공병감실로 하달된다.

"경부고속도로 건설 현장에 현역 공병장교를 투입하면 좋을 것 같은데, 참모총장에게 연락해서 요원 차출 문제를 협의해 보시오."

"경부고속도로를 건설해야 하는데… 어려운 역할을 맡아 줘야겠소."

12월 11일, 수자원개발공사 안경모 사장에게 무거운 책임이 주어졌다. 건설부 국토건설국장, 국토건설청 차장, 건설부 차관, 교통부장관 등을 역임하고 자리를 옮긴 지 얼마 되지 않은 상황이었다.

"모처럼 짬이 생겨 건강진단을 받고 있었어요. 청와대에서 좀 와 달라는 연락을 받고 무슨 큰일이라도 생겼나 싶어 급히 달려갔죠."

오랫동안 격무를 수행해 오면서 건강이 많이 약해진 탓에 교통부 장관을 사임하고 모처럼 한숨 돌리려 하는 판에 또다시 대통령의 특명을 받았으니 당황스러웠을 것이다. 하지만 거절할 수 없는 상황임을 잘 알고 있었기에 기꺼이 감내하기로 한다.

"서울~부산 천 리 길에 선진국과 같은 수준의 고속도로를 만들어야 합니다. 일찍이 없었던 초국가 사업이니만큼, 기초작업을 착실하게 닦아 주시오."

대통령은 안경모 사장에게 곧 출범할 국가기간고속도로 건설계획 조사단의 단장이라는 중차대한 책무를 맡기며 신신당부한다.

대통령은 당초, 청와대 파견단과 마찬가지로 대통령 집무실 바로 옆에 계획조사단을 두려 했다.

"대통령께서 너무 가까운 곳에 계시면 저희는 일을 하기가 오히려 거북해집니다. 단원 중에는 대학 교수도 있고 민간인들도 섞여 있어서 더욱 그럴 것 같습니다."

"그래요? 그렇다면 어쩔 수 없지요."

안경모 단장이 조심스럽게 의견을 전하자, 대통령은 흔쾌히 받아들인다. 애초에는 두 달 안에 계획조사 업무를 끝내라는 지시가 있었지만, 이 자리에서 내친 김에 한 달 더 말미를 받는다.

대통령과 안경모 단장의 인연은 1962년으로 거슬러 올라간다. 제1차 경제개발 5개년계획이 시작된 그해 2월 3일 울산개발본부가 발족했는데 그곳의 본부장이 안경모였다. 안 본부장은 이후 책무를 훌륭히 수행했고, 대통령은 항상 그를 눈여겨보고 있었던 것이다.

계획조사단은 우리나라의 토목건설 분야에서 내로라 하는 엘리트들을 엄선해, 단장을 포함해 50명으로 꾸려졌다. 노선 결정, 기술 검토 등 막중한 과업을 수행한 단원들은 '부지런한 대통령'을 보필하느라, 이로부터 3개월 동안 과로를 넘어 혹사를 당한다. 안경모 단장은 당시의 상황을 이렇게 회고했다.

"대통령은 1967년 초에 이미 경부고속도로 건설에 대한 방대한 구상을 끝내고, 몇몇 구간의 노선까지도 손수 결정해 놓았더군요, 우리는 대통령에게 끌려다니는 한낱 보좌관에 지나지 않았어요."

"육대(陸大)에서 독도법을 강의하던 그 허필은 장군 말이오?"

계획조사단의 인선 과정에서 허필은 장군의 이름이 거론되자 대통령은 반색을 하며 그를 또렷이 기억해 냈다. 육본 공병감, 군수참모부 차장 등의 요직을 두루 역임한 '공병계의 거두'로 1967년 7월 육군 소장으로 예편한 뒤 준설공사(公社)의 관리이사로 일하던 허필은 장군은 주원 건설부장관으로부터 연락을 받고 건설부로 간다.

"우리 일을 도와주셔야 되겠습니다."

"나는 군복을 벗은 지가 엊그제요. 더욱이 준설공사의 업무에서 당장 손을 뗄 형편이 못 되고, 도로와 관계된 일은 잘 모르는 터이니…."

어렵다는 뜻을 전하고 돌아서려는데, 자리에 함께한 서정우 국토보전국장이 넌지시 한마디 던진다.

"결국은 오시게 되고 말 겁니다."

아니나 다를까, 그로부터 얼마 지나지 않아서 이번에는 이후락 비서실장이 만나자는 기별을 해 온다.

"며칠 중으로 각하께서 허 장군을 부르실 것입니다. 다른 일 다 제쳐 놓고, 건설부가 하는 고속도로 건설 사업에 협조해 주시기 바랍니다."

"무슨 말씀이신지, 잘 알겠습니다…."

건설부장관을 만났을 때는 이런저런 이유를 들어 힘들겠다는 뜻을 밝혔지만, 이후락 비서실장으로부터 또다시 요청을 받고 나서는 피하지 못할 상황임을 깨달은 허필은 장군은 어정쩡하게 대답하고 나서, 청와대 파견단에서 근무하는 윤영호 대령을 만난다. 허 장군은 이때 비로소 대통령이 구상하는 '국가 대동맥' 건설 계획에 대해 상세히 전해 듣는다.

"대통령께서는 고속도로를 통해 우리나라를 재건하려고 하시는 겁니다."

며칠 후 허필은 장군은 대통령과 마주한다.

"준설공사에 관계하신다구요?"

"그렇습니다."

"그쪽 일이야 다른 사람이라도 할 수 있겠지. 더 큰 일을 해 주어야 되겠소. 지금 건설부에서 착수하려는 사업에는 허필은 장군의 협력이 절대 필요하오."

"예, 최선을 다해 임무를 완수하겠습니다."

이미 마음은 먹은 터였으니 흔쾌히 답했다. 대통령과의 면담이 끝나자 이후락 비서실장이 허 장군을 안내한다.

"공사에 착수하자면 당장 감독요원이 필요합니다. 영관급과 위관급 공병장교 30명가량을 우선 뽑아서 교육을 진행하라는 각하의 지시입니다. 육군참모총장에게 양해를 얻어 놓았으니, 즉시 육군본부로 가서서 요원 차출 문제를 협의, 결정해 주십시오."

대통령이 이미 지시사항까지 정해 놓은 상황이었다. 첫 번째 임무를 받은 허필은 장군은 육군본부로 가는 길에 건설부에 들른다.

"그것 보십시오. 결국 오시고야 말 거라고 제가 말씀드리지 않았습니까."

서정우 국토보전국장이 반색을 하며 맞는다. 며칠 후 허필은 장군은 계획조사단의 기술반장으로 합류하고, 첫 임무로 공병장교들을 모으는 일을 맡았다.

'너무 많은 인원을 뽑을 수는 없을 것이고….'

공병의 살림살이를 훤히 아는 허필은 반장은 괴로웠다. 경부고속도로의 사업 규모나 추진 일정을 미뤄 볼 때 '생고생'일 것은 보나마나 했다. 자신만 해도 준설공사에서 반강제적으로 징발되다시피 해 고생길로 들어선 것 아닌가.

허 반장의 협조 요청을 받고 심완식 대위가 달려왔다.

"육사 출신 위관급 장교 중에서 미혼인 사람의 이름을 열 명쯤 적어 보게."

"당사자들의 양해를 구하지 않고 제 의견대로만 적어도 되겠습니까?"

허 반장은 말없이 고개만 끄덕였다.

"대위 김인수, 중위 황홍석, 중위 이선위, 중위 이정웅…."

모두 맹호부대 1진으로 베트남 파병을 다녀온 육사 출신 공병장교들이었다.

"한 사람이 빠졌군."

"누구 말씀입니까?"

"바로 자네 말일세."

이렇게 해서 심완식 대위를 포함한 현역 공병장교들이 고속도로 건설 현장에 투입된다. 차출 명단을 작성한 심 대위도 후에 악명 높은 당재터널 공사 현장을 맡아 처절한 노력 끝에 책임을 완수해 낸다.

허필은 장군은 이후 서울부산간고속도로 건설공사사무소 소장으로 임명된다. 계획조사단 안경모 단장과 허필은 소장은 대통령이 노선을 답사할 때마다 한 몸처럼 수행하며 열과 성을 다해 보좌한다. 대통령과 청와대에서 저녁을 함께한 일도 여러 번 있었다.

"내 차에 타시오. 맥주 한잔 합시다."

어느 날 노선 답사를 마치고 돌아가는 길에 갑작스런 호출을 받은 허필은 장군이 직원들에게 말도 전하지 못하고 대통령의 차에 오른다.

"도대체 허필은 장군은 어디로 증발한 거냐?"

건설부가 난리가 나고, 주원 장관도 퇴근을 못하고 여기저기로 행방을 수소문하는 등 소동이 벌어지기도 했다.

허필은 장군을 어떤 이는 '강직한 노력형'이라고 하고, 어떤 이는 '외유내강의 인격자'라고 말하기도 한다. 대통령의 신임도 매우 두터웠다. 경부고속도로 착공 후 1969년 한국도로공사가 설립되자 건설 현장 책임을 마무리하고 이듬해 1월 제2대 사장으로 부임해 우리나라 고속도로 발전에 지대한 공헌을 한다.

"24시간 뛰었다!"

허 사장이 한국도로공사 사장으로 재직할 때 서울에서 부산까지 하루 두 차례 왕복한 일은 아직도 전설로 남아 있다. 그 거리는 1,700 킬로미터가 넘는다.

"점심에 휴게소에서 파는 우동 한 그릇씩을 사 먹고, 새벽 6시부터 밤 10시까지 운전했죠."

당시 그를 수행했던 박태진 기사의 증언이다.

기술반장으로, 소장으로, 그리고 사장으로—경부고속도로의 탄생과 성장의 전 과정을 박정희와 함께한 허필은 장군은 고속도로에서만큼은 박정희의 분신과도 같았다.

대통령은 하루가 멀다 하고 계획조사단 사무실에 들이닥쳤다. 그래서 단원들은 항상 초긴장 상태로 주어진 일에 매진해야만 했다.

"막걸리라도 마시고 일들 하지."

조사단에 들어서는 대통령은 입버릇처럼 말했다. 위로 겸해서 던지는 인사말이었다.

건설 현장을 찾는 일은 더욱 잦았다. 난공사 구간 중에서 대통령의 발길이 닿지 않은 곳은 거의 없었다. 대통령은 지프로 곳곳을 누볐고, 헬리콥터를 이용할 때는 대여섯 차례씩 뜨고 내리는 강행군을 계속했다. 이러한 상황은 청와대 파견단 방동식 소령의 일지에 잘 나타나 있다.

"12월 3일(일). 대통령, 경호원 없이 비밀리에 지프로 달이내고개 지역 답사했음."

그런데 이 기록은 공식적으로 남아 있는 행적일 뿐이고, 비공식적으로는 부지기수로 많았다.

12월 3일 이날 대통령과 함께 현장을 답사한 사람은 며칠 뒤 국가기간고속도로 건설계획조사단장이 될 안경모 수자원공사 사장과 김현옥 서울시장이었다. 이날의 일은 안경모 단장의 회고록에 아주 상세히 기록돼 있다. 그가 대통령의 부름을 받고 청와대로 달려간 그날은, 눈보라가 치는데다가 한파가 맹위를 떨치던 초겨울이었다.

"신갈리까지 같이 좀 갑시다."

대통령은 이미 현장으로 떠날 채비를 마친 상황이었고, 늘 그랬듯이 걸음을 재촉해 현관으로 나간다. 미리 지시를 받았는지 대기하고 있던 수행원이 달려와 대통령을 만류하고 나선다.

"신갈리 쪽은 지금 눈이 오고 빙판이 져 있다고 합니다."

"눈 오고 빙판 져 있으면 못 가느냐? 지프로 가면 되지."

잠시 후에 지프가 현관에 도착한다. 안경모 사장과 김현옥 시장이 먼저 뒷자리로, 이어서 대통령이 앞자리에 오르자, 지프는 부리나케 출발한다.

이때는 수원 쪽으로 곧바로 넘어가는 한남대교가 없던 시절이었기 때문에 용산~한강인도교~동작동을 거쳐 가는 길은 멀고도 멀었다. 청와대를 출발해 말죽거리에 닿은 시간은 오후 2시 30분경이었다.

"여기부터 봐야 되겠어."

대통령은 차를 세우게 하고는 달이내고개 쪽으로 한참을 걸으며 상황을 살핀다. 수행원의 말대로 곳곳이 빙판으로 변해 있었던 까닭에 걸을 때도, 지프를 타고 갈 때도 애를 먹었다. 그렇게 달이내고개를 넘어 판교~낙생~기흥으로 이어지는 30여 킬로미터의 눈길을 꼼꼼하게 답사한 대통령은 흡족한 표정을 짓는다.

"수원까지는 거의 결정된 셈이군."

되돌아가는 길도 험하기는 마찬가지였기 때문에 날이 어둑해져서야 말죽거리에 도착했다. 이즈음에는 경부고속도로를 건설한다는 사실이 널리 알려진 터라 땅을 사려는 '자가용족'들이 몰려들던 상황이었다. 하지만 해가 지면서 인적은 모두 끊겼고, 고갯길을 따라 드문드문 들어서 있던 복덕방들도 불을 꺼 주변은 적막강산이었다.

"여기는 서울시 관할이니까, 시장이 막걸리 한잔 사야겠소."

"그러시죠, 사겠습니다."

술집을 찾는 것도 쉽지 않았다. 대통령과 서울시장과 장차의 조사단장, 고속도로 건설의 최선봉에 서 있던 세 사람이 탄 지프는 이리저리 한참을 헤맨다. 그런데 어디선가 군인 한 사람이 다가와서 지프 안을 들여다보더니 갑자기 부동자세를 취하며 거수경례를 하는 것이었다. 당시 고속도로 예정지 곳곳에는 초소가 설치돼 있었는데, 그곳에 근무하는 군인이었다.

"틀렸군. 저 친구가 나를 알아봤어."

대통령 일행은 막걸리를 포기하고 동작동 쪽으로 향한다. 이왕 나선 길에 개발이 한창이던 반포지구도 돌아보자는 것이다.

그러다 대통령이 생각을 바꾼다. 이른 아침부터 늦은 시각까지 고생한 두 사람에게 미안했던 듯,

"늦었으니 다음에 와서 보기로 하고, 오늘은 우리 집에 가서 복국이나 먹읍시다."

다시 먼 길을 돌고 돌아 청와대에 도착하니 대통령 가족 모두가 현

관으로 마중 나와 있었다. 육영수 여사도 대통령이 어디를 다녀왔는지 모르는 듯 안경모 사장을 보며 묻는다.

"골프 치러 가신 줄 알았는데… 아니었군요. 어디 다녀오셨어요?"

"각하를 모시고 노선 현장을 답사하고 오는 길입니다."

"밤중에도 현장을 보십니까?"

이날 안경모 사장은 회사에 회의를 소집해 놓았다는 핑계를 대고 겨우 풀려났다고 술회했다.

경호원도 없이 왕복 70킬로미터가 넘는 눈 덮인 시골 길을 지프로 내달린 이런 암행 답사는 이때만이 아니었다. 대통령은 이렇게 고속도로에 모든 열정을 쏟아 부었다.

어느 날 해질 무렵 수원 부근의 국밥집에 들렀을 때다. 주인할머니가

"당신은 꼭 우리 대통령을 닮았소"

"대통령이 나를 닮았지, 내가 대통령을 닮았겠소? 그 사람도 나만큼 막걸리를 좋아한답니다."

그렇게 대통령은 할머니가 알아보지 못하는 것을 오히려 즐겁게 여기며, 식사를 마치고 자리를 떠날 때까지 두런두런 살아가는 이야기를 나눴다.

어느 날은 현장을 둘러보고 늦은 밤에야 청와대로 향하는데, 수원 부근을 지날 무렵 초소 근무병이 지프를 불러 세운다.

"어디 가는 차요?"

"작전차량입니다."

운전원이 평소대로 둘러댔지만, 어두운 차 안을 흘깃 들여다본 근

무병이 아무래도 이상하다는 듯이 이것저것 묻는 것이었다. 난처한 상황에 처한 운전원이 당황해 아무 말도 못 하자 뒷자리에 탄 수행원이 내려 수습하는 일도 있었다. 대통령은 빙긋이 미소만 짓고 있었다.

대통령이 추진위원장 될 뻔

고속도로 건설 사업은 당시 우리나라의 최대 사업이었기 때문에 건설부만의 일이 아니었다. 대통령의 지휘에 따라 모든 행정기관이 일사불란하게 움직여야 했지만, 실상은 그렇지 않았다. 대통령의 지시가 떨어지면 앞에서는 신속하게 움직이는 듯 보였지만 뒤에서는 각각의 형편을 이유로 몸을 사리는 경우가 비일비재했다. 주원 건설부 장관이 1967년 11월 7일 청와대에서 열린 당정협의회에서 '고속도로 건설 추진위원회'를 만들어야 한다고 제안한 배경도 바로 여기에 있었다.

1967년 12월 13일, 국무회의에서 '국가기간고속도로건설 추진위원회'의 규정이 의결되고, 대통령의 결재를 얻어 대통령령 제3300호로 공포된다. 위원회는 정일권 국무총리를 위원장, 박충훈 경제기획원장관을 부위원장으로 하고 건설부를 비롯한 정부 주요 부처 장관, 경제과학심의회 위원, 한국은행 총재, 외환은행 총재, 국회 건설위원장, 서울시장, 부산시장, 관계 도지사, 그리고 민간인 7인을 위원으로 하고 있었다. 정부 거의 모든 각료에다 국책은행 총재들, 그리고 민간기업의 유력 인사들까지 망라한 추진위의 인적 구성을 보면 고속도로 건설을 위한 대통령의 결의가 얼마나 강력했는지 엿볼 수 있다.

국가기간고속도로건설 추진위원회는 고속도로 건설에 관한 정책 입안, 기본계획 수립, 시행계획 수립, 건설 재원 확보 방안, 기술행정 지원 방안, 각 부처 협조, 기타 관련 업무 조정 등을 주요 임무로 삼았다. 그런데 이 추진위원장의 위원장은 하마터면 박정희 대통령 자신이 될 수도 있었다.

"고속도로를 하려면 어떤 기구가 필요한데, 마땅한 사람들을 모아 주세요."

1967년 늦가을 어느 날 주원 건설부장관이 특명을 받는다. 이에 따라 건설부는 12월 2일 '고속도로건설 자문위원회'라는 조직을 만든다. 여기에는 국토보전국의 국·과장 등 5명의 정부 관계자, 현대건설 정주영 사장, 그리고 대한기술공단 등 토목 건설 관련 기관 대표자 8명이 함께한다. 그러나 얼핏 봐도 이 조직은 건설부장관을 돕는 비공식 자문역 성격이 짙다. 그런 까닭에 실무적인 기능이 필요하다는 의견이 나왔고, 산하에 작업반을 두는 것으로 정리된다.

이렇게 구성된 작업반의 지휘본부장에는 토목기술자로서 고위 건설공무원을 역임한 대한기술공단 임봉건 사장이 위촉되고, 행정반·측량반·구조물반·지질반·노체반·경제반의 6개 작업반을 구성하고 인선까지 끝냈다. 이제 각각이 맡은 책무를 수행하면 되는 것이었지만, 실상은 그렇지 못했다. 이 조직은 이름뿐이었고 하는 일이 없었다. 지휘본부장을 맡았던 임봉건 지휘본부장의 회고에 그 사정이 담겨 있다.

"1967년 말경에 주원 장관으로부터 경부고속도로 건설 계획을 도와달라는 요청을 받았습니다. 그래서 자문위원회 위원으로 들어갈 것을 수락하고 작업반의 책임자 자리도 맡기로 했습니다. 그런데 며칠이 지나도록 주원 장관으로부터 아무런 소식이 없었어요. 그러니 '장관의 마음이 달라졌나?' 이렇게 생각할 수밖에요. 그런데 하루는 주원 장관이 느닷없이 뛰어 들어와서는 큰일 났다는 거예요. 그때는 하는 일이 없었으니 직원도 없었고 사무실은 텅 비어 있었지요. 그런데 간판부터 내걸어야 되겠다는 거예요. 사유를 물었더니 대통령께서 그 '어떤 기구'를 둘러보기 위해 곧 이리로 행차한다는 겁니다. 그래서 부랴부랴 문밖에다 간판을 다는 법석을 떨었지요. 잠시 후에 전화가 걸려 왔는데, 대통령께서 지금 청와대를 출발하시니 모두 대기하라는 전갈이었습니다. 진땀 나는 순간이었다고나 할까요. 다행히 시찰을 온 사람은 대통령이 아니라 이후락 비서실장이었습니다. 비서실장의 설명에 의하면, 대통령께서 직접 오시겠다는 것을 '먼저 가서 둘러보고 오는 게 좋겠습니다' 하고 만류했다는 겁니다. 보나마나 사무실이 텅 비어 있으리라는 것을 비서실장은 짐작하고 있었다더군요."

자문위원회가 한 일이 있다면 몇 차례 회의를 열어 '국가기간고속도로건설 추진위원회'와 '국가기간고속도로 건설계획조사단'의 구성안을 제시한 정도였다. 그러다가 자문위원회는 얼마 지나지 않아 해체되고 멤버의 대부분은 계획조사단으로 흡수된다.

그리고 1967년 11월 7일, 대통령 주재로 청와대에서 열린 당정협의회에서는 고속도로 건설 계획이 공식적으로 거론된다. 이날 주원 건설부장관은 도로 개발 계획을 제시하고, 향후 10년 동안의 고속도로 건설 계획을 설명한다. 이와 더불어 너무나도 중요한 문제가 토의 주제로 오른다. 고속도로건설 추진위원회 구성에 관한 건의였다. 경부고속도로 건설 사업은 그 규모나 성격상 국력을 기울여야 하는 초대형 사업이었기 때문에, 정부의 주무 부처인 건설부만의 능력으로는 힘에 겨운 것이었다. 따라서 관계 부처의 정책적 이견을 조율하고 상호 긴밀한 업무 협조 체제를 구축하기 위해서는 강력한 행정력을 발휘할 수 있는 추진위원회가 필요하다는 것으로 의견이 모아진다.

"추진위원회 위원장은 내가 하지. 대통령을 위원장으로 하고 국무총리를 부위원장으로 하는 구성안을 검토해 보시오."

대통령은 적극적인 찬성의 뜻을 표한 다음, 추진위원장을 자임하면서 건설부장관에게 지시한다. 그의 뜻은 고속도로 건설 사업에 대한 비상한 결의를 보이려는 것이었다. 하지만 사흘 뒤인 11월 10일 주원 장관은 국무총리를 위원장으로 하는 '제1안'과 대통령을 위원장으로 하는 '제2안'을 만들어 대통령에게 보고한다.

"대통령께서 위원장이 되실 수야 있겠습니까. 제가 맡겠습니다."

함께 자리하고 있던 정일권 국무총리가 스스로 떠맡겠다고 나선다. 물론 주원 장관과 사전에 조율한 상황이었고, 결국 대통령은 국무총리와 국무위원들의 의견을 받아들여 제1안, 위원장 국무총리로 확정한다.

"민족의 대동맥인 고속도로의 건설은 거족적 과업임을 명심하고, 꼭 된다는 신념 하에 적극 추진해야만 합니다."

추진위원회는 12월 19일 청와대에서 제1차 회합을 갖는다. 이 자리에서는 경부고속도로의 건설 추진 상황과 함께 앞서 3월에 착공한 경인고속도로에 대한 보고가 있었고, 재원 조달 방안 등에 대한 논의도 심도 있게 펼쳐졌다. 대통령은 3시간 넘게 발언을 이어 가면서 고속도로의 필요성과 함께 건설기술, 기대효과, 향후 추진 방향 등 고속도로 전반에 대해 설명한다.

하지만 추진위원회는 두 차례에 걸친 회의 이외에는 별다른 활동 없이 유야무야한 조직이 된다. 그러다 경부고속도로가 착공되어 건설이 한창 진행되고 있던 1968년 11월 23일, 구성된 지 채 1년이 못 돼 대통령령 제3649호로 폐지된다. 막강한 권능을 부여해 고속도로 건설 사업을 추진하려고 구성된 추진위원회의 역할이 애매해진 것은, 산하에 설치한 국가기간고속도로 건설계획조사단과 공사 현장에 있던 서울부산간고속도로 건설공사사무소가 실질적인 업무를 담당하게 된 이유가 컸다. 하지만 그보다는 대통령이 건설 현장을 직접 지휘하다시피 한 데다가, 고속도로에 대한 '대통령의 열정'을 감당해 낼 관료가 없었다고 보는 편이 옳을 것이다.

고속도로건설 추진위원회 1차 회의를 주재한 다음 날인 12월 20일, 대통령은 해럴드 홀트 호주 총리의 장례식에 참석하기 위해 출국한다. 대통령은 기내에서 수행 기자들과 담소하는 자리를 마련하는데, 여느 때와 다름없이 고속도로에 대한 확고한 집념을 펼쳐 보인다.

"서울~부산 고속도로는 반드시 건설해 내고야 말겠습니다."

대통령이 출국한 나흘 뒤인 12월 24일 오전 10시에 중앙청에서 고속도로건설 추진위원회 회의가 예정돼 있었다. 대통령은 태연하게 회의장에 나타났다. 22일 홀트 총리 장례식을 마치고 23일 귀국했으니 미처 여독을 풀지 못했을 때다. 게다가 크리스마스 전날이었기 때문에 직원들도 마음들이 들떠 있었다. 주원 장관은 국무회의, 안경모 단장은 겸직하고 있던 수자원개발공사의 회의 때문에 자리를 비운 상황이었다. 사무실에는 서영관 도로과장이 자리를 지키고 있었다.

예고 없는 대통령의 방문에 당황한 데다가, 상당한 수준의 질문이 이어지는 바람에 서영관 도로과장은 제대로 답변도 못 한다. 얼마 후에 주원 장관관 안경모 단장이 부랴부랴 사무실로 달려왔고, 대통령은 이날 3시간가량 머물며 고속도로 진척 상황을 보고받고 의견을 개진한다.

"노선 결정은 경제적 효과를 충분히 반영하도록 하고, 외화 교섭이 어려울 경우에는 외자 소요를 최소한으로 줄이고 내자로 충당하되 예정 공정에 차질이 발생하지 않도록 하고, 장비·자재의 소요 판단과 도입 방법을 연구토록 하시오."

크리스마스 전날인 이날 계획조사단에 대통령 하사금이 내려왔다. 10만 원, 5만 원, 3만 원씩 따로 봉투를 만들어 안경모 단장 편에 전하면서, "내가 주더라고 말하진 마시오"라고 당부했다.

안경모 단장이 봉투를 단원 모두에게 하나씩 나눠주자 단원들의 질문이 이어진다.

"어디서 난 돈입니까?"

"내가 도둑질해 온 것은 아니오. 하지만 날 잡아갈 사람은 없을 걸!"

안경모 단장이 시치미 떼고 능청을 떨었지만 단원들은 대체로 눈치를 채고 있었다.

"코피를 쏟으며 커피를 마신다"

계획조사단 요원들은 이런 말을 자주 했다. 섣달 그믐날에도 철야해서 설날 아침에까지 마주앉아 일해야 했으니, 당연히 그랬을 것이다.

재원 마련 나선 대리인의 고충

국가 대동맥 고속도로의 밑그림이 그려졌고, 얼마만큼의 예산이 필요한지 윤곽도 잡혔다. 그럼 이제 장벽은 다 걷어치워진 것인가? 물론 아니었다. 이제 겨우 첫걸음, 앞길은 첩첩산중이었다.

맨 먼저 뭇매를 맞은 사람은 건설 재원을 마련하기 위해 동분서주하던 주원 건설부장관이었다. 우선 「도로정비촉진법」을 개정해야 했는데, 이는 건설부 소관이었기 때문에 큰 문제는 아니었다. 그런데 석유류 세법 도입을 주장하고 나섰을 때는 상황이 달랐다. 경제기획원과 재무부가 막아섰다. 고속도로 건설에 투입할 인건비의 일부를 유엔 식량농업기구(FAO)의 무상원조 양곡을 들여다가 충당하려고 나섰을 때는 농림부와 보사부가 소관 침범이라며 불만을 드러냈다. 정치권도 시끄러웠다.

"하룻강아지 범 무서운 줄 모른다!"

"주원이라는 자, 너무 설쳐 댄다!"

야당은 물론이고 여당 내에서조차 질타하는 목소리가 흘러나왔다. 언론계·학계·재계 등에서도 그를 몹시 못마땅하게 여기며 볼멘소리를 토해 냈다. 일부 눈치 없는 정치인들은 대통령에게 장관 경질

의향까지 떠보기도 했다.

"그때의 건설부는 고독했지요. '장관 못 하겠습니다' 하고 대통령에게 털어 놓은 적도 있어요."

주원 장관은 묘안을 짜낸다. 가령 예산 당국과 절충해야 할 중요한 사안이 생길 경우를 보자. 그럴 때는 먼저 예산 당국과 미리 절충하고 나서 경제기획원으로 가서 부총리의 뜻을 묻고, 최종적으로 대통령의 재가를 받는 게 순서다. 그런데 주원 장관은 거꾸로 청와대부터 달려가서 대통령의 양해부터 얻었다.

"그렇게 하시오."

대통령이 납득하고 승낙하면 주원 장관은 미리 준비해 간 '증표 문서'를 그 자리에서 펼치고 대통령의 사인을 요청한다.

"승낙하신다면 여기다 서명을 해 주십시오."

대통령의 결심부터 미리 받아 낸 다음 그 증표를 호주머니에 넣고 유유히 기획원으로 행차하는 것이다.

'만약 일이 끝내 타결되지 않을 경우에는 이 증표가 절대적인 위력을 발휘하리라.'

경제기획원으로 가서도 부총리실로 직행하는 것도 아니었다. 담당 과장을 먼저 찾아가는데 이 또한 전략의 하나였다. 타 부처 장관의 방문을 받은 사무실 직원들이 일어서서 맞이해야 할 것을 계산에 넣은 것이었다. 예산 협의라면 통상적으로 동급의 담당자들이 만나서 진행하는 것이 순리이지만, 아무리 '갑'인 기획원 담당자라도 장관이 직접 찾아왔으니 튕길 수도, 그렇다고 다 받아 줄 수도 없는 불편한 상황을 맞게 된다.

"장관님, 부총리실로 가서서 말씀하시는 편이 좋지 않겠습니까?"

"아니야, 당신이 부총리보다 얘기하기가 나아요."

전략적으로 조성한 그런 분위기 속에서 많은 일들이 순탄하게 풀린다. 재정 마련의 최전선에 나섰던 '대통령 대리인'은 모진 수모를 당하면서도 나름의 전략으로 산적한 숙제들을 지혜롭게 풀어낸다.

대통령의 영향력을 등에 업은 대리인인 만큼 또 한편으로는 대통령을 대신해 수많은 공격을 온몸으로 막아 내야만 했다. 그중의 하나가 국회였다.

국회에서 경부고속도로 건설 문제가 본격적으로 다뤄진 것은 1968년도 예산안이 상정되면서부터다. 1967년 12월 8일 국회 건설위원회 제10차 회의에서 당시 야당인 신민당의 의견은 이랬다.

"우리가 알기에는 단 1전도 경부고속도로에 대한 예산이 없어요. 그런데 예산 조치도 없이 명년 2월에 기공을 한다고 떠들어 댄 저의가 무엇인가? 또 AID나 IDA(세계은행 국제개발협회)에서 차관이 올 수 있다고 정부가 말하고 있어요. 그 차관이라는 것도 아직 구두로 오고 가는 정도이지, 명확히 계약상으로 자금 조치가 된 것이 아니오. 더구나 경부고속도로는 2차 5개년계획에 없어요. 예산에 전혀 계상되지 않은 이것을, 건설부장관이 입각하자마자 들고 나서서 야단법석을 치느냐 말이에요."

틀린 말은 없었다. 국가 예산이 바늘 허리에 실 꿰듯 아무렇게나 짜이고 쓰여서는 안 되는 것이기 때문이다. 하지만 국가 경영에는 정도만을 고집할 수는 없는 상황도 있다.

"서울~부산 고속도로에 대한 예산도 없고, 또 설명할 자료도 없지 않느냐고 지적하셨습니다. 그런데 이 경부고속도로에 대해서는 이미 작년에 AID와 IDA의 조사위원회가 와서 조사한 결과, 이 선이 긴급 선이라고 인정을 했습니다. 뿐만 아니라 대전을 중심으로 해서 영남과 호남을 연결하고 서울과 동해안을 연결하는 전체 조사가 됐습니다. 그래서 조사위원회는 할당액을 150만 달러 규모로 결정했고, 조만간 내한할 예정입니다. 그중에서 서울~인천, 서울~수원 구간이 긴급히 필요하다는 것은 이미 결정된 사실입니다. 그래서 내년에 조속히 착공하고자 하는 것입니다."

건설부장관이 불가피한 전후사정을 밝히고 나서도 다른 의원들의 지적이 이어진다.

"고속도로의 건설이 국가 발전에 유익하다는 것은 인정하지만, 지금은 그 시기가 아니지 않으냐."

"고속도로 건설용 장비 도입에 소요되는 5천만 달러만 해도, 그 돈으로 1천만 달러짜리 공장 다섯 개를 세우는 편이 더욱 바람직하지 않으냐."

그리고 간간이 고속도로 건설의 필요성 그 자체를 부정하는 것은 아니라는 투의 질의도 나왔는데, 이는 다소 중립적인 태도를 견지하던 일부 경제단체나 언론의 시각을 의식한 것이었다.

"조사해 선처하겠습니다."

"제가 원래 어재(語才)가 모자라서⋯."

"저도 성의껏은 하고 있으나⋯."

건설위원들의 맹공에도 주원 건설부장관은 주눅 들지 않고 두둑

한 배짱과 허허실실 전략을 두루 써 가며 능수능란하게 대처해 나간다. 때로는 구렁이 담 넘는 논법으로 고비를 넘기려고 애쓰지만, 맹공은 끝없이 이어진다.

"국회의원을 무슨 바지저고리로 아느냐!"

"국회는 행정부의 시녀가 아니다!"

그런데 주원 장관도 만만한 위인은 아니었다. 오해에서 비롯된 질문이나 그릇된 요구에는 강경하게 버티며 바로잡으려 나선다.

"그러면 왜 명년에 예산이 돼 있지 않아요?"

"본예산에 계상돼 있지 않았는데 무엇으로 하느냐는 말씀은 확실히 지당한 말씀입니다. 이제 여러 위원님의 동의만 받으면 그와 같은 것을 반영한 수정안을 제출하고자 합니다."

"위원들이 동의를 받아서 예산을 내겠다고요? 그러면 어느 달부터 착공하고, 언제 어디부터 한다는 그런 계획을 장관이 멋대로 내요? 여기서 승낙을 받고 국회의 의결을 맡아야 될 것이 아니오."

"땅을 사고 안 사고 하는 문제가 신문지상에 났습니다만, 그것은 제 자신도 모르는 것입니다. 어쨌든 내년 2월에 착공해 보고자 하는 의욕을 가지고 있다는 것을 분명히 말씀드립니다."

주원 장관뿐만 아니라 대통령이나 안경모 단장이나 건설 재원 조달 문제로 골머리를 썩이고 있었다.

"요즘은 정치 제쳐 놓고 자나 깨나 고속도로 생각뿐이오."

그러던 대통령이 어느 날은 건설비를 걱정하는 안경모 단장에게 농담 섞은 한마디를 슬쩍 건넨다.

"재무부 친구들 잘 구워 삶아 놨으니, 앞으로는 슬슬 풀려 나갈 거요."

대통령이 나서서 '모종의 조치'를 취해 놓은 것이었다. 내막은 훗날 드러났다. 대통령이 재무부 담당자들을 저녁식사에 초대해서 간절히 호소했던 것이다.

"어떻게든 자금을 염출해 줘야 되겠어요."

'명령' 대신 '호소'라는 우회 전략을 쓸 만큼 고속도로 건설 재원에 매달려야만 했던 대통령의 처지에 뭉클해지기도 한다.

1967년도 종무를 앞둔 12월 28일 청와대에서 열린 지방장관회의에서 대통령은 고속도로 노선의 용지 매수 문제를 언급하며 경부고속도로 건설에 적극적인 협조를 당부한다.

"노선이 확정된 후 각 도지사는 경기도지사가 집행한 방법에 따라 현재의 시가대로 최단 시일 안에 매수를 완료해야 합니다. 또한 계획 예산보다 싸게 사서 생긴 잔여금은 연도구역 개발 사업에 활용해야 할 것입니다."

경부고속도로 서울~수원 구간 테이프커팅을 한 뒤 노면에 샴페인을 산주(散酒)하는 박정희 대통령(1968. 12. 21)

유명한 이 사진은 그러나 설이 분분하므로 이 기회에 바로잡고자 한다.

먼저 경인, 경수고속도로 개통식은 영등포구 당중국민학교에서 한꺼번에 열렸다.

박정희 대통령은 이날 개통 테이프를 모두 5차례 끊었다. 개통식 후 경인고속 서울 시점에서 첫 번째 테이프를 끊고, 경인고속도로를 시주하고 인천 쪽 가좌 출구에서 두 번째 테이프를 끊는다. 이어 경수고속도로로 이동한 박 대통령은 이수교 부근 고속도로 시점과 양재에 있던 서울톨게이트에서 연거푸 테이프를 끊는다. 사진은 양재(경수고속도로)에서 테이프를 끊은 직후의 장면이며, 산주한 술은 막걸리가 아니고 샴페인이다. 이곳에서는 정식 개통 행사 없이 산주 후 순찰대의 에스코트를 받으며 경수고속도로를 시주하고, 수원톨게이트에서 마지막 다섯 번째 테이프를 끊는다.

역사의 물줄기가 터지다

"고속도로 건설을 통해 경제 부흥을 이루겠습니다."

고속도로 건설 구상을 처음 내비쳤을 때 여론은 부정적이었다. 어마어마한 자금 마련은 고사하고 고속도로 건설에 관한 기초적인 기술력도 확보하고 있지 못했기 때문이다. 오랜 구상과 심사숙고를 거친 야심찬 계획이었지만, 발표 직후부터 야당을 중심으로 반대 여론이 비등했다. 일부에서는 대통령의 공약이 대통령 당선을 위해 즉흥적으로 만들어진 계획이라고 주장하기도 한다. 정계뿐만 아니라 재계, 학계까지 발칵 뒤집힌다. 각계각층에서 고속도로 건설에 대한 찬반양론이 펼쳐지며 거친 논쟁이 이어졌다. 야당에서는 정부의 방침을 시기상조라면서 거칠게 반대한다.

"국가 재정이 파탄 날 것이다."

"일부 부유층들이 놀러 다니는 데 쓰이는 유람로가 될 것이다."

"자동차 한 대 우리 손으로 생산하지 못하는 처지에, 차량보급률도 극히 미미한 나라에서 고속도로를 건설하겠다니, 그게 무슨 가당키나 한 일인가."

대부분의 국민들도 고속도로 건설에 대해 회의적인 반응을 보였다. 막대한 예산을 들여 고속도로를 건설할 여력이 있으면, 그 돈으로 공장을 짓고 일자리를 만드는 게 훨씬 효과적이라는 의견이 지배적이었다.

그러나 대통령의 의지는 확고했다.

"도로의 개발은 철도나 항만 개발에 비해 투자 효율이 훨씬 높고, 제한된 자금으로 당면한 수송 애로를 타개하는 데 가장 효과적입니다. 뿐만 아니라 각종 산업의 발달, 지역 개발의 추진, 생활권의 확대 등 국민경제 발전을 위해서는 필수불가결한 일이고, 더욱이 시급한 일입니다. 고속도로 건설은 조국 근대화의 상징적인 사업이기에 우리의 자본, 우리의 기술, 우리의 노력만으로 이룩하겠습니다."

고속도로 건설을 바탕으로 경제를 부흥시킴과 동시에 기존의 철도 중심에서 공로 중심으로 교통 체계를 전환시키고야 말겠다는 다짐을 거듭거듭 내놓는다.

1968년 1월 연두기자회견에서 박정희는 경부고속도로 공약을 처음 발표했을 때부터 추진위원회 발족까지 6개월간의 심경과, 그러면서도 한시도 놓지 않았던 고속도로에 대한 집념을 표출해 낸다.

"우리가 지금 조성하고 있는 대국토 건설계획, 또는 이번에 금년부터 착수하는 경부간의 고속도 계획, 이런 것은 과거 우리 민족의 하나의 꿈이었다고 생각합니다. 이 꿈을 우리들의 기술과 우리들의 자본과 우리들의 노력으로써 한번 이뤄 보자. 아직도 경부고속도로에 대해서는 '안 된다'고 생각하는 사람들이 '된다'고 생각하는 사람들보다도 숫자가 더 많은 것으로 듣고 있습니다. 하지만 나는 '절대 된다'는 확신을 가지고 있다는 것을 이 자리에서 말씀드립니다."

달이내고개에 진을 치다

"쿠르릉! 쿠르릉!"

"처벅! 처벅!"

1968년 1월 7일. 한겨울의 칼바람을 뚫고 무지막지한 굉음이 울려 퍼지더니, 불도저를 앞세우고 짙은 색 군복을 입은 군인들이 무리를 지어 우르르 몰려온다.

여기는 서울 원지동 달이내고개. '옛골'이라 불려 오던 관악산 기슭의 한적한 시골 마을에 기이한 광경이 펼쳐진다.

"공사 기간을 줄이고 자본이 넉넉지 않으니, 난공사 구간에는 공병대의 장비를 최대한 투입하도록 합시다."

1967년 12월 19일 청와대에서 열린 제1차 추진위원회에서 고민 끝에 내린 결론이다.

고속도로를 건설하는 데 육군 공병단의 지원 참여를 공식적으로 논의한 것도 이날 회의가 처음이었다. 당시 육군 공병단은 장비나 기술이나 모든 면에서 다른 어떤 민간 건설회사보다도 우수했다. 계획

조사단은 모임을 갖고 난공사 구간인 달이내고개를 어떻게 깎아 내릴까 하는 문제를 놓고 여러 가지 방안을 검토한다. 육군 공병단의 장비에 소요되는 연료 지원 문제를 토의하는 등, 군관 합동 공사의 계획이 급히 구체화한다.

"막사는 이쪽에 치고, 장비는 저쪽으로 세우도록."

지휘관의 지시에 따라 일단의 군인들이 마치 숙영지를 짓는 야전군처럼 바쁘게 움직인다. 순식간에 막사 7개동이 마련되고, 중앙 막사에 상황실이 꾸려진다. 제1201건설공병단 220대대 1중대가 맨 먼저 달이내고개에 현장 현황실을 설치한 것이다. 계획조사단 제1차 전체회의가 열린 때가 1967년 12월 15일이었으니, 그로부터 한 달이 채 안 된 때였다.

고속도로 건설 현장에 참여한 공병단은 제1201건공단 220대대(달이내고개 3km) 외에 제1202건공단 209대대(몽단이고개 3.1km), 제1203건공단 213대대(부산시계 2.59km)까지 3개 대대였다.

"보람 있는 일이니 힘껏 해보도록!"

제1201건공단장 김규홍 대령은 제220대대 1중대장 노부웅 대위에게 짧고 무거운 격려를 한다.

제220대대 1중대가 맡은 작업은 달이내고개 절개와 이곳을 중심으로 전장 1,800미터 구간의 토공이었다. 1중대는 1968년 1월 7일 '작전' 현장으로 이동한다. 이어서 대대 OP가 이동하고, 2중대와 3중대가 이동해 달이내고개에 진을 친다. 단군 이래 최대 역사의 서막, 고속도로 건설의 첫발을 준비한 것이다.

"우리의 적은 저 달이내고개다!"

노부웅 대위가 작전명령을 내리듯이 부하들에게 필승의 사기를 북돋운다.

달이내고개 절개안은 이틀 뒤인 1월 9일 회의에서 논의돼, 16.4킬로미터를 깎아 내리기로 결론이 났다. 측량기사 자격증을 가진 대원을 중심으로 4명 1개조로 측량반이 편성돼 현장으로 내달린다.

우수한 장비와 기술을 자랑하는 공병단이지만 막상 작업에 착수하고 보니 현장이 녹록지 않았다. 한파가 맹위를 떨치는 한겨울에 얼어붙은 땅을 파헤치고 논둑을 허물어뜨리는 작업이고 보니 한 발 한 발이 곤욕이었다. 우렁찬 중장비 소리를 듣고 몰려든 구경꾼들도 안타까운 눈으로 지켜본다.

당시 달이내고개는 계단 모양의 천수답 지대였다. 그래서 폭약을 이용하기로 한다. 폭약으로 지면과 논둑을 먼저 폭파하고, 두부처럼 일어난 얼음덩어리를 불도저로 밀어내는 방법을 채택한 것이다. 건설부도 폭약과 기름을 실어 나르며 적극적으로 돕는다.

1월 21일 일요일. 역사적인 기공식(2월 1일)이 열하루 앞으로 다가왔다. 청와대 박명근 비서관과 계획조사단 허필은 기술반장이 달이내고개 공사 현장을 시찰 나왔다. 제220대대는 눈과 얼음에 뒤덮인 고갯마루에서 중장비를 동원해 사투를 벌이고 있었다. 불도저 6대가 일렬횡대로 전진하는 광경은 장관이었다.

"쇳덩이 같은 바위를 깨어 내고 그 너머를 바라보니 서울~수원 제1공구의 토공도 활발히 진행되고 있었어요. 마치 수원이 한눈에 바라다 보이는 듯한 느낌이었죠."

노부웅 대위는 그때의 감격을 이렇게 남겼다. 그도 그럴 것이, 그때까지 이렇게 방대한 규모의 공사가 진행된 적이 없었다.

공사는 하루도 쉬지 않고 3교대로 24시간 진행됐다. 아찔한 순간도 많았다. 어느 날은 불도저가 진창에 빠져 요지부동, 움직이지를 않았다. 다른 불도저로 빼내려다 그것마저 진창에 빠졌다. 결국 모든 부대원이 진창 속으로 뛰어들어 불도저에 밧줄을 걸어 당겨 간신히 빼냈다.

"한번은 불도저 한 대가 얼어붙은 밭을 밀다가 30미터가량 뒤로 미끄러진 적이 있었어요. 낭떠러지 비탈이었는데, 다행히 사고는 없었어요. 그런 때는 정말 등골에 진땀이 흐르는 정도가 아니지요."

이런 처절한 현장을 보고만 있을 대통령이 아니었다. 연락 없이 불시에 들이닥친 대통령을 먼발치에서 발견한 노부웅 대위는 흙투성이 야전점퍼를 부랴부랴 벗어 팽개치고 대통령 앞으로 달려간다. 김현옥 서울시장이 대통령을 수행하고 있었다.

"수고가 많군. 부식은 어떤가?"

"흡족합니다!"

"목욕들은 어떻게 하고 있나?"

"네! 저의 중대에서는 소대별로 흑석동에 있는 대중탕을 교대로 이용하고 있습니다."

대통령은 노 대위의 상의 옷깃을 손으로 가볍게 들춰 속을 들여다보고는 고개를 끄떡였다.

브리핑이 끝나고 대통령은 돌아갔다. 그로부터 사흘쯤 지나, 병참부 소속이라고 밝힌 군인들이 야전용 샤워기 6대를 싣고 와서 건설 현장 곳곳에 설치한다. 보일러로 물을 데워 쓰는 샤워 시설이었다. 이를 본 모두의 입은 함지박만큼 벌어졌고, 중대장 노부응 대위가 제일 먼저 그 샤워기로 몸을 씻었다. 장병들의 사기가 높아지지 않을 수가 없었다.

"살맛 나더군요. 천막 밖에는 허옇게 눈이 쌓여 있었습니다. 대통령 자상한 보살핌에 진심으로 감사했습니다."

그날 이후 새로운 장비도 투입됐다. 이때 들여온 스크레이퍼 등 중장비는 건설부가 고속도로 공사를 위해 마련한 것으로, 당시 공병대가 보유하고 있던 중장비들을 압도할 만큼 좋았다.

"인간의 능력이란 무한대라는 것을 깨달았습니다. 가령 500미터 구간을 덤프트럭으로 흙을 실어 나른다고 합시다. 500미터면 하루 200회 왕복이 적당합니다. 그런데 한번은 제가 당시 최고급 담배였던 필터 달린 아리랑 한 보루를 현상으로 걸어 보았답니다. 고작 아리랑 1보루가 탐이 나서 덤프트럭 운전병들이 경쟁심을 발휘한 것은 결코 아니겠죠. 그들도 자기들 능력을 한번 시험해 보고자 해 신바람이 났던 겁니다. 그 결과 정말 엄청난 기록이 나왔습니다. 놀라지 마십시오. 700회 왕복이라는 믿어지지 않는 숫자를 우승자가 수립했단 말입니다. 트럭에 흙을 퍼 담는 페이로더가 감당하지 못해서 쩔쩔맸어요."

'괴력의 사나이'들은 5개월여 만인 6월 20일, 막중한 무게를 훌훌 털어 낸다. 공병대가 맡았던 달이내고개의 성토와 옹벽 등 토공이 마무리된 것이다. 막바지에 수원 쪽 제1분공구와의 접합 지점에서 착오가 발견돼 뜯어고치느라고 북새통이 빚어지긴 했지만 공병대의 '작전'은 승전으로 마무리됐다. 공병대는 7월 15일 종결식을 갖고 원대

복귀했다. 현장에서 철수하기 직전에 노부웅 대위와 장병들은 근처에서 30톤이 넘는 바위를 불도저 두 대로 막사 근처로 옮겨놓고 바위에 이렇게 새겼다.

'싸우며 건설하자! 1201건공단 220대대 1중대'

바위는 달이내고개 상적 버스정류장에 지금도 우람하게 버텨 서 있다.

그로부터 10년이 흐른 1980년 2월 29일, 그곳에 '상적총화건설비'가 세워졌다.

'이곳은 1968년 2월 1일 서울~부산 간 428km 고속도로 건설의 시작을 알리는 첫 발파 지점으로서 이 공사에 최초로 투입된 육군 제1201건설공병단 제220대대 용사들의 빛나는 공적을 기리기 위해 여기에 이 비를 세운다.'

보람 있는 일을 훌륭히 완수해 낸 노부웅 대위는 원대복귀 후 베트남 파견을 자원해 떠났다.

"고향으로 내려가는 길에 서울~부산 고속도로를 처음으로 달려 보았습니다. 시속 100킬로미터로 달리는 고속버스로 달이내고개를 넘어갈 때, 눈물을 흘리지 않을 수가 없었습니다."

지질조사·측량부터 국내 최초 기록

박수 소리가 크지 않은 외로운 길이었기에, 경부고속도로 건설에 참여하는 누구나 전장에 나서는 장수와 다름없는 필사즉생(必死則

生)의 각오를 다졌다. 누구도 가 본 적 없는 고난의 대장정에, 제대로 갖춰진 것도 없었다. 어깨가 무거운 만큼 비장할 수밖에.

"우리가 돈이 없어서 미개한 거지, 기술이 없어서 미개한 건 아니지 않은가."

필요성을 인식하면서도 고속도로 건설이 쉽게 이루어지리라고는 아무도 생각하지 못했던 그때, 대통령은 강행의 뜻을 굽히지 않았다.

계획조사단의 책임은 참으로 중차대했다. 이 조직은 고속도로와 관련된 각종 조사와 타당성 연구가 주된 임무였지만, 당시의 부정적 여론을 우호적 여론으로 돌려놓기 위한 대국민 홍보까지 책임져야만 했다. 막중한 책무에 비해 주어진 여건도, 시간도 너무나 부족했다. 하지만 계획조사단은 밤을 낮같이 지새우며 고속도로 건설의 근간이 되는 제반 원칙들을 착실히 세워 나가, 결국에는 대통령의 기본 구상, 건설부의 추진계획, 세계은행의 「한국교통 조사보고서」, 한국종합기술개발공사의 「서울부산간고속도로 기본계획 조사보고서」 등을 토대로 최종안을 꾸려 내놓는다.

곧이어 계획조사단은 노선 선정에 착수한다. 이때 최우선으로 고려했던 사항은 세 가지였다. 첫째는 경부고속도로가 국토를 종단하는 척추 기간선이라는 특수성, 둘째는 향후 전 국토의 대동맥 역할을 수행해야 한다는 점, 그리고 셋째는 처음 건설공사를 시행할 때는 물론이고 준공 이후에 유지 관리를 할 때에도 비용을 최소화할 수 있도록 해야 한다는 점이었다.

이런 원칙 아래 작성된 경부고속도로의 최초 시안은 서울~대전 3개안, 대전~김천 2개안, 김천~대구 3개안, 대구~언양 2개안, 대구~부산 2개안, 김천~부산 2개안 등이었다. 이후 1968년 1월 12일 서울~대전 노선안이 확정되는 것을 시작으로 구간별 건설 노선이 착착 확정된다. 대구~부산 구간은 경주~언양을 거치느냐, 아니면 밀양~마산이나 창녕~마산 중 어느 쪽을 경유하느냐를 놓고 오래 결론을 내지 못하다가 4월 25일에야 경주를 경유하는 것으로 결정된다.

노선 선정에 가장 애를 먹은 것은 대전~대구 구간이었다. 이 구간은 교통량이 적고 지형이 매우 험준했다. 처음에는 기존 국도를 개량한 왕복 2차선으로 연결시키려고 했지만, 그럴 경우엔 고속도로의 기능을 제대로 발휘하기 힘들었다. 고민 끝에 4차선 규모로 신규 도로를 내기로 하고, 1968년 10월 17일 당재~묘금리~황간~추풍령으로 이어지는 노선을 최종 확정하기에 이른다.

"용역비는 돈 아끼지 말고 넉넉히 주도록 하라."

대통령은 주원 건설부장관에게 이렇게 지시했다. 조사·측량·설계 등의 기초작업을 완벽하게 해 놓아야만 공사비가 절감된다는 이치를 강조한 것이다. 교사였고 군인이었고 이후에는 국정 최고책임자였던 박정희는 토목건설의 불문율과 같은 이치를 꿰뚫고 있었다.

"주원 장관도 나에게 조사·측량을 잘해 달라고 부탁하더군요. 그런데 용역비를 당초의 약속 금액보다 조금 더 달라고 하니, '그건 안 되겠다'고 거절하더군요."

자문위원회에 참여했다가 이후에 서울~수원 고속도로를 건설할 때 조사·측량 용역을 맡은 대한기술공단 임봉건 사장의 회고다. 임 사장은 대통령을 찾아가 보고하면서, 대신에 조사와 설계에 필요한 시간이라도 넉넉하게 얻을 요량으로 넌지시 의중을 떠본다.

"2월 1일에 서울~수원 구간을 착공하는 것은 좀 힘들 것 같습니다. 한 달쯤 늦춰서 3월 1일에 착공하는 것이 어떨까요?"

"안 돼요! 더 늦출 수는 없소."

대통령은 단호한 어조로 일축한다. 임봉건 사장의 발등에 불이 떨어졌다. 즉시 대한기술공단의 기술진을 모두 투입해 강행군을 이어간다.

"우선 서울~신갈 23킬로미터를 착수했어요. 지질조사라든가 삼각측량이라든가 이런 일들이 국내에서 본격적으로 실시되기는 이때가 아마 최초였을 겁니다."

하지만 기한 내에 조사·측량을 끝낼 가망이 도저히 없다고 판단한 임봉건 사장은 현대건설에 도움을 요청해 측량 인력과 기자재를 지원받아 결국 예정했던 기간에 일을 모두 마무리 짓는다.

"일하면서 싸우자"

1월 8일, 동해에서 조업하던 어선 6척, 어부 60명 피랍.

1월 21일, 무장공비 31명 청와대 침투 시도.

1월 23일, 미국 정보함 푸에블로호와 승무원 83명 피랍.

경부고속도로에 대한 열정이 불타오르던 1968년 벽두, 연이어 발발하는 북한의 도발로 인해 온 나라는 불안정한 상황으로 치닫는다. 특히 김신조를 포함한 31명의 무장공비가 청와대 뒷산까지 침투한

1·21사태는 크나큰 충격이었다. 1월 30일 군경수색대에 의해 공비들이 섬멸되기까지 온 국민은 공포에 떨어야 했다.

이때는 고속도로 일부 노선의 계획·설계 작업이 마무리되고, 2월 1일에는 서울~수원 구간 착공식이 열릴 예정이었다. 갑작스럽게 발생한 일련의 사태들은 국정 전반에 혼선을 초래했고, 고속도로 건설을 놓고도 회의적인 여론이 들끓었다. 계획조사단 활동도 영향을 받지 않을 수 없었다. 경부고속도로 건설의 산파역이라는 중차대한 책무를 거의 마무리 지어 가고 있는 조사단으로서는 재앙을 만난 느낌이었다.

"대통령께서 시간을 할애하기가 어렵겠는데… 일단 기다려 봅시다."

매일 아침 고속도로 추진 상황을 정리한 보고서를 꾸려 청와대로 향하던 안경모 단장이 걱정스런 표정으로 좌불안석 일손을 놓고 있는 단원들에게 이르고는, 사무실에서 사태 추이를 주시하며 청와대로부터 연락이 오기를 초조하게 기다린다.

그 시각 청와대에서는 긴급안보회의가 열리고 있었다. 회의는 1·21사태 직후부터 매일 거듭되고 있었다.

"고속도로는 일단 유예하고, 그에 앞서 안보 체제 강화에 국가 총력을 기울여야 합니다."

"중단할 수는 없어요. 급속도로 신장되고 있는 우리를 시기하는 거요. 계획사업을 중단하거나 수정한다면 이에 맞들여 더욱 악랄한 만행을 획책할 거요."

국가안보 중대사를 논의하는 와중에도 고속도로 문제가 거론될

만큼 고속도로는 국가지대사였다.

"안경모 단장에게 들어와서 보고하라고 전하시오."

안보회의를 마친 대통령이 가장 먼저 불러들이는 사람도 바로 안경모 단장이었다. 안 단장은 지체없이 보고서를 챙겨 들고 청와대로 달려간다.

"계획대로 갑시다!"

대통령의 사인이 떨어졌다. '자주국방'과 함께 '자립경제'를 양대 국정 지표로 삼은 대통령의 의지는 확고했다. 북한의 도발 따위에 동요되지 않겠다는 뜻을 더욱 확고히 다진 것이다. 2월 1일 서울~수원 구간 기공식 치사에도 그러한 결의를 듬뿍 담았다.

"대한민국의 경제가 성장하고 대한민국의 건설이 빨리 이루어지고 대한민국의 국제적 지위가 나날이 향상됨으로써, 가장 위협을 느끼고 질투를 하고 배가 아파하는 자들이 이북에 있는 김일성 도당입니다. 아무리 우리 대한민국 국민들이 자유를 사랑하고 통일 문제에 있어서 전쟁 수단에 호소하겠다는 그러한 의사를 가지고 있지 않다고 해도, 우리가 은인자중하고 자제하고 인내하고 참는 데에는 한계가 있다는 것입니다. 우리의 자제와 인내에는 한도가 있다는 것을 북한 김일성 괴뢰 집단에게 우리는 엄숙히 또한 분명히 경고를 해 두고자 합니다."

"우리의 꿈 우리 손으로"

1968년 2월 1일 서울 원지동. 역사적인 서울~부산고속도로 공사의 첫 번째 구간인 서울~수원 구간 기공식에 대통령 내외를 비롯해 정부 주요 인사, 고속도로 건설 관계자와 수많은 인파가 몰려들었다.

"우리의 꿈을 우리의 손으로 건설해 봅시다!"

경부고속도로의 대장정을 알리는 첫 발파를 앞둔 대통령의 목소리에는 자신감이 듬뿍 배어 있었다.

오늘 이 자리에서 기공식을 올리는 경부 구간 고속도로 건설 사업은 우리 조국 근대화 사업의 상징적인 사업입니다. 동시에 이것은 우리가 오래전부터 추진해 오던 대국토 건설사업의 일환이요, 또한 시발인 것입니다. 동시에 이것은 우리 국민들의 오래전부터 희원하던 하나의 꿈을 우리들의 힘으로써 실현해 보고자 하는 것입니다.

사람의 신체가 커지면 커질수록 이제까지 입고 있던 의복이 자기 몸에 잘 맞지 않거나 또는 신고 있던 신발이 작아서 맞지 않는 것과 마찬가지로, 국가의 산업경제가 급속히 성장을 하면 여러 가지 부작용이 생기는 것입니다. 즉, 우리나라에도 그러한 현상이 나타나고 있는 것입니다.

앞으로 우리나라의 산업을 급속히 성장시키고 근대화에 촉진을 가져오기 위해 가장 서둘러야 할 부분이 '도로'라고 판단을 하고 있습니다. 우리가 계획하고 있는 큰 도로만 하더라도 서울~부산, 서울~호남, 서울~강릉, 동해안을 연결하는 동해안선, 부산에서 남해안을 거쳐서 목포에 이르는 남해안선이 있습니다. 앞으로 수년 내에 우리나라의 기간을 이루

경부고속도로 서울~오산 구간 기공식에 참석해 관계자들을 격려하는 박정희 대통령(1968. 2. 1). 김신조 일당이 청와대 뒷산까지 접근한 1·21사태 불과 열하루 뒤였지만 "일하며 싸우고 싸우면서 건설하자"는 구호를 내걸고 예정대로 기공식을 치렀다.

는 이러한 도로는 빨리 고속화해야 되겠다고 보는 것입니다. 이렇게 해야만 우리나라의 경제가 급속히 성장하고, 도시와 농촌 간에 거리가 단축되고, 농촌과 도시가 균형 있는 발전을 할 수 있는 것입니다.

대통령은 기획 초기부터 이미 국가 대동맥의 큰 그림을 그리고 있었다. 다만, 너무나도 방대한 사업이었기에 부득이하게 순서를 정해 추진할 수밖에 없었을 뿐이었다. 당시 우리나라의 형편으로 저 많은 고속도로망을 동시에 착공할 수 없었다는 것은 말할 것도 없고, 그중 '일개 고속도로'인 경부고속도로 하나 건설에만도 막대한 재원이 필요했다. 그래서 1968년 2월 1일 이날 서울에서부터 수원을 거쳐서 오산까지 가는 노선을 우선 시작한 것이다.

"서울과 부산을 잇는 고속도로를 앞으로 3년 내에 완성을 하면, 계속해서 3년마다 서울~부산만큼의 고속도로를 계속적으로 추진하려고 합니다. 이것은 우리의 재원으로 봐서 충분히 가능하다고 보고 있습니다. 이렇게 될 때 우리나라의 중요한 간선도로는 늦어도 10년 이내에 완전히 고속화할 수 있습니다. 또한 그동안에 지방도로는 지방자치단체에서 확장하고, 또 어떠한 부분은 민간 사업장이 개척하는 방식으로 추진되도록 할 것입니다. 이렇게 '도로의 근대화'를 이룩해서 '산업의 근대화'를 촉진하는 것이 지금 우리의 계획입니다."

대통령의 머릿속에는 또 다른 생각도 있었다. 바로 '우리의 재원으로, 우리의 기술로' 완수하자는 것이었다. 그 뜻은 오랜 시련으로 상실감에 젖어 있던 국민들에게 '우리도 할 수 있다'는 자신감을 불어넣어야겠다는, 지도자로서의 소명이었다.

경부고속도로의 첫 발파 소리는 잠들었던 국토를 뒤흔들어 깨웠다. '단군 이래 한민족 최대 역사(役事)'인 고속도로 건설공사는 거의 맨주먹으로 시작한 엄청난 도전이며, 당시 국력으로는 감히 엄두도 내지 못할 만큼 방대한 규모의 토목공사였다.

신의 한 수 된 공병장교 투입

'위대한 도전'의 첫발을 뗐지만 아직도 우려와 걱정의 목소리가 남아 있었다. 막상 공사를 시작하려니 모든 것이 부족했다. 공사를 시행하기 위한 장비부터 턱없이 부족했다. 당시 우리나라가 보유하고 있던 중장비는 통틀어 1,647대에 불과했고, 그나마 대부분이 6·25전쟁 전후에 도입된 것이라 대부분 낡아서 사용이 불가능한 상황이었다.

"건설업체가 가지고 있는 장비가 형편없어요. 공병대 장비를 마냥 묶어 둘 수도 없고…."

"외국 중장비 업체에 연락해서 방법을 찾아봅시다."

"예산이 될까요? 현재 상태로는 불가능할 것 같은데…."

"외상이라도 해야지. 외무부에 도움도 요청해 보고."

부랴부랴 장비 도입에 나선 정부는 미국·영국·프랑스·스웨덴 등에 나가 있는 대사관까지 동원해 중장비 업체와 접촉한다. 나라에 돈이 없는 상황이었으니 당당한 구매자의 입장은 못 됐다. 구걸하다시피 사정에 사정을 거듭한 끝에, 1969년 2월에야 비로소 외상으로나마 필요한 장비를 겨우 갖출 수 있었다.

기술자도 문제였다. 당시 우리나라에는 도로와 관련한 전문지식을 터득한 기술자가 매우 드물었다.

이 문제는 대통령이 길을 찾아냈다. 육사 출신 공병장교를 선발해 교육을 시킨 후에 고속도로 건설 현장에 감독관으로 파견하기로 한 것이다.

경부고속도로 서울~수원 구간 기공식 이틀 전인 1월 29일, 고속도로 건설계획에 관한 긴급회의가 소집된다. 청와대에서 열린 이날 회의에는 건설부의 장·차관, 계획조사단의 안경모 단장과 각 반장, 대통령 비서진, 송정범 주미 공사 겸 세계은행 이사 등이 함께했다.

주원 건설부장관을 비롯한 각 분야 책임자로부터 업무 추진 현황을 보고받은 대통령이 특별지시사항을 내린다. 그 가운데 눈에 띄는 것은 역시 공병장교들의 교육 문제였다.

"젊고 양심적인 현역 장교들로 뽑아요. 그렇지 않아도 말이 많은 상황이니, 부정부패가 있으면 절대로 안 됩니다."

또 하나의 자격 조건이 있었으니, 독신자로 제한한 것이 그것이다. 전투를 방불케 하는 교육이 시도 때도 없이 이어지기 때문에 가정이 있는 사람은 며칠도 버티지 못하고 도망갈 것이라는 판단이었다.

이런 방침 아래 1차로 선발된 현역 군인 감독요원 22명은 기공식 다음 날인 2월 2일부터 서울 중랑교 근처에 있는 건설공무원교육원에서 외국인 기술자들로부터 교육을 받는다. 교육은 밤낮 없이 진행되어 불과 2개월 만에 1기생을 배출해 본부 요원 및 현장감독으로 배치한다. 건설 현장이 늘어나면서 3월 4일에는 ROTC 출신 공병장교 12명을 추가로 편성하고, 이어서 공과대학이나 공업고등학교에서 토목기술을 배운 50명을 선발해 같은 방식으로 교육시켜 수료하는 족족 고속도로 건설 현장에 투입했다.

"안 되면 되게 하라!"

"토요일과 일요일이 없는 병과가 바로 공병과!"

"공사 기간을 단축하는 것이 건설비를 줄이는 가장 좋은 방법이다!"

젊은 공병장교들의 자긍심은 하늘을 찔렀다. 하루에 다섯 시간 이상 자는 일이 없었으며, 항상 정력적으로 뛰어다녔다. 장비가 부족하면 맨손으로 달려들었다. 이들은 부족한 기술과 경험이 풀지 못하는 장벽들을 패기와 사명감으로 극복하고 자신들의 능력 이상을 현장에서 발휘하면서 눈부신 활약을 펼쳤다. 한겨울 얼어붙은 땅을 녹이기 위해 언 땅 위에 짚을 깔고 휘발유를 뿌린 뒤 불을 지르는가 하면, 트럭 꽁무니에 버너를 매달고 반복 운행을 하는 아이디어를 냈다. 이 기상천외한 공법이 입에서 입으로 전해지며 민간인 건설소장과 인부들도 따르게 됐다. 건설부나 건설공사사무소로서는 공병장교들이 추가로 배치될 때마다 반갑지 않을 수 없었다.

"이때처럼 군관민의 협조가 완벽하게 이루어진 예는 없었습니다."

어느 민간 건설업체 현장감독의 증언이다.

이후 공사 구간이 크게 늘어나고 업무량도 폭증하면서 투입 인력도 점차 확대된다. 6월 11일에는 조재삼 소령을 비롯한 영관급 공병장교 19명이 합류했다.

"작업 구간의 확장으로 추가 소요되는 감독요원은 앞으로는 일반에서 충당토록 하고, 사전에 충분히 훈련시켜 배치하도록 계획하라.”

6월 20일, 현지 시찰에 나선 대통령이 특별지시를 내린다. 공병장교들이 고속도로 쪽으로 가기만 하고 되돌아오지 않는 상황이 지속됐던 까닭에 인력 문제로 곤경에 처한 육군의 입장을 감안한 조치였다. 그래서 현장 상황이 안정적인 궤도에 오른 뒤에는 예편을 앞둔 공병장교와 공대 졸업자로 점차 대체했다.

이로써 공병장교들의 고생길은 일단락되고, 이후 현역 장교 투입은 1969년 8월 20일에 ROTC 장교 10명이 추가로 투입되는 정도가 전부였다.

경부고속도로 건설 현장에 파견된 육사 출신 공병장교들은 사명감으로 똘똘 뭉친 고집불통 외골수로 명성과 악명을 동시에 떨쳤다.

젊은 장교 현장감독과 인부들이나 시공 업체 사이에 알력이 없을 수 없었다. 현역 군인의 신분으로 공사 현장에 파견된 군 감독들은 시공업자들을 궁지에 몰아넣기 일쑤였다. 시공업체 감독, 현장 기술자, 인부 등 수없이 많은 사람들이 괴롭힘을 당해야만 했다. 건설 전문 기술자를 자처하는 업자들에게 사사건건 이래라 저래라 너무 까다롭게 따지고 덤벼들기 때문이었다.

“군에서 파견 나온 공병장교들은 마치, 시공업자들을 괴롭히는 것을 사명으로 생각하는 것 같았습니다.”

시공 업체 감독의 넋두리가 사방에서 터져 나왔다.

“원리 원칙밖엔 쥐뿔도 모르는….”

“새파란 장교 나부랭이들이….”

불만은 업자들만이 아니었다. 민간 시공 업체가 고용한 십장이나 노무자들도 감독들에게 고분고분하지 않았다.

"노가다 생활 삼십 년에 이런 꼴은 처음 본다."

"고작 자갈 한 개 때문에, 나 원 참!"

"자식 같은 녀석들이 사사건건 시비를 거니…."

골재라고 아무 자갈이나 마구 갖다 쓸 수 있는 공사가 아니기에 이런 말썽은 자주 생겨났다. 자갈 한 개도 규격과 품질을 일일이 따져야 하는 젊은 장교들의 고충도 있었을 법하다.

"사실 그 사람들의 말이 옳을 때도 있었어요. 뭐니 뭐니 해도 시공 업자나 십장들이 우리보다는 실무와 경험을 많이 쌓지 않았겠습니까? 그 사람들의 말대로 해야 공사도 빨리 진척되고 공사비도 적게 들 거라고 생각되는 경우가 더러 있었습니다. 그러나 우리는 시방서에 명시돼 있는 그대로만 하라고 할 수밖에 없었어요. 이것도 원리 원칙에 죽고 사는 군인정신의 단면이랄까."

ROTC 장교로서 공사에 참여한 양보집 중위는 이렇게 털어놓았다.

업자 측도 만만치 않았다. 예편한 공병 병과 대선배가 시공 업체의 현장소장으로 부임해 와서는 후배 현역 장교들을 감독님이라 부르지 않고 관등성명을 부르면서 생기는 알력도 있었다.

"김 중위! 나 좀 봅시다."

"이 소위가 이 일은 좀 해 줘야…."

애초에 그걸 노리고 시공 업체 측에서 모셔다 놓은 사람들이었다. 그런데 업체보다 한 수 위로 이런 상황까지 예견한 이가 있었으니, 바로 대통령이었다. 강직한 공병장교들은 그 믿음에 적극 부응했다.

"사적으로는 존경할 만한 분이지만, 업무에 관한 한 우리도 어쩔 도리가 없었습니다. 추호도 양보할 수가 없는 형편이었어요. 결국 우리가 취할 태도는 한 가지뿐이었습니다. 공사 감독의 직무에는 철저를 기하되, 사석에서는 선배에 대한 예우를 깍듯이 하는 것입니다."

이런 상황이 비일비재하다 보니 감독원과 도급업자는 눈에 보이지 않는 금을 중간에 그어 놓고 서로 덤덤하게 지내는 수밖에 없었다.

달이내고개에서 공병대가 맡았던 토공이 종결되고, 수원공구의 구조물과 노체 공사가 한창일 때다. 현대건설이 시공하는 달이내고개 표층공사의 진행을 육탄으로 막아선 전설의 사나이가 있었으니, 바로 공병장교 황홍석 중위였다. 그는 수원공구 제2분공구, 지금 판교인터체인지가 있는 구간의 감독을 맡고 있었다.

어느 날 표층공사 현장의 비평과 조언을 위해 대한토목학회 기술자들을 초빙했는데, 황홍석 중위가 작동 중인 아스팔트 피니셔 코앞에 의자를 내다놓고 걸터앉아서 진로를 방해하면서 버티기 작전에 들어갔다(도로 위에 아예 드러누웠다는 증언도 있다). 아스팔트 표층의 평탄성을 걸고 넘어진 것이었다. 깔아 놓은 아스팔트가 시방서대로 유리 표면처럼 한결같이 매끄럽지 않고 울퉁불퉁하다는 게 황 중위의 지적이었다.

"이렇게 잘돼 있는데, 왜 그리 까다롭소!"

참다 못 한 정주영 사장이 나섰다. 정 사장은 피니셔가 깔아 놓은 아스팔트 포장의 표면을 손바닥으로 쓸어 보이면서 괜한 트집이라는 듯 불만을 토로했다. 그 자리에 함께한 허필은 소장은 잠자코 있으면서도 황 중위의 기행이 싫지 않다는 무언의 응원을 하고 있었다.

사실은 허 소장이 지시했다는 얘기도 있다.

그 일이 있고 나서 얼마 지나지 않아, 현장에서 일하던 노무자들이 황홍석 중위를 물웅덩이 속에 밀어 넣고 겁박하는 사태가 일어난다.

"말해 보라! 앞으로도 계속해서 그렇게 까다롭게 굴 테냐? 그렇게 나온다면 당장 시멘트 반죽으로 묻어 버리겠다!"

"나는 여기서 죽어도 좋다!"

황 중위는 웅덩이 속에 버티고 서서 우레 같은 목소리로 외쳤다.

"대한민국 만세!"

황 중위 본인은 그런 일 없었다고 부인하지만 현장에서 같이 근무한 다른 장교들은 "그 사람이 괜히 겸손을 빼느라고 그러지!"라며 일축한다.

이런저런 형태의 공갈협박이 있었음은 황 중위도 인정한다.

"공갈협박이야 수도 없이 당했지요. 판교 아래쪽의 어느 교량 공사를 할 때는 하마터면 목숨을 잃을 뻔했습니다. 콘크리트 배합 비율 문제로 시비가 벌어졌는데, 노무자들도 약이 올랐던 모양이에요. 노무자들과 함께 거푸집 위에 서서 내려다보고 있는데, 누군가가 연장 끄트머리로 내 등을 슬쩍 밀지 않겠습니까? 막 타설한 콘크리트에 빠뜨려 놓고 실수로 그랬다고 나중에 발뺌을 하자는 속셈이었겠지만, 그러다가 운이 나쁘면 빠져 죽는 겁니다. 허공으로 떨어지기 직전에 빔을 움켜잡았어요. 아슬아슬했습니다. 나중에 언양공구에 있을 때도 '너 죽고 나 죽자' 식의 노골적인 공갈협박을 당했습니다. 하지만 이런 압력이나 마찰은 누구나 다 겪었던 일입니다. 감독 노릇 한 사람치고 한두 번쯤 그런 고비를 안 겪은 사람은 별로 없었을 겁니다."

맹호부대 1진으로 베트남에서 근무한 황홍석 중위는 그곳 퀴논 대학에서 강의를 맡기도 했다. 귀국해 공병학교 교관으로도 근무하다 경부고속도로 수원공구의 제2공구 감독관으로 시작해 언양과 대구에서도 잠시 근무했다. 막바지 난공사인 당재터널(후술) 구간에 '센 감독'을 불러 모을 때 급거 합류하기도 한다.

이런 '전설'들이 당연히 대통령 귀에도 들어간다. 경부고속도로 첫 번째 구간인 수원공구 공사가 종반기에 접어들었을 무렵, 현대건설 정주영 사장이 대통령을 만난 자리에서 하소연한다.

"군 출신 젊은 감독들이 너무 원리 원칙만 고집하는 까닭에 저희는 일을 못 해 나갈 지경입니다."

대통령은 흡족한 표정으로 껄껄 웃으며, 한마디로 명쾌하게 상황을 정리해 버린다.

"까다로운 감독과 까다로운 건설회사가 잘 협력해서 걸작을 만들어 보시오."

우리나라 품질관리 첫 단추

'튼실한 공사 결과를 얻는 요체는 정밀하고 세심한 품질관리다.'
고속도로와 같은 대규모 토목공사뿐만 아니라 '가공되는 모든 것'에 적용되는 불문율이다. 하지만 50여 년 전 당시는 웬만한 토목공사는 눈대중이나 경험치에 의지하는 경우가 대부분이었다.

"도대체 85퍼센트와 90퍼센트 사이에 무슨 차이가 있단 말입니까?"

경부고속도로의 건설공사가 시작된 지 얼마 지나지 않은 날이었다. 서울~수원 구간 토공이 일부 끝나고 시험포장이 진행되고 있는 현장에서 시공 업체 간부 한사람이 고성을 질러 댄다. 건설부 시험감독요원이 시방서를 들이대며 잘못된 사항을 지적하자, 무슨 큰 차이가 난다고 콩이야 팥이야 까다롭게 따지고 나오느냐는 불만이었다.

"길을 닦는 데 시험이 대체 왜 필요한 거요!"

어떤 시공 업체의 책임자는 시험 자체를 못마땅하게 여기고 반발하기도 했다. 요즘 같아선 상상도 못 할 일이다.

우리나라에서 토질·콘크리트·아스팔트 등에 관한 제반 시험이 본격적으로 현장에 도입된 것은 사실상 경부고속도로를 건설하면서부터다. 이전에는 시험이란 현장에 활용하기 위해서보다 연구소 등에서 이론을 연구하기 위한 목적으로 다뤄지고 있었을 뿐이었다.

"한국의 기술자는 참으로 놀랍습니다. 미국에서는 먼저 조사를 하고, 설계를 하고, 그다음에 착공을 합니다. 그런데 한국의 기술자들은 착공부터 하고, 시공하고, 설계하고 조사를 해요. 신기하지 않습니까?"

용역회사의 일원으로 우리나라에 온 미국인 엔지니어는 이렇게 우리의 건설 과정을 에둘러 비꼬았다. 조사와 시공의 순서를 뒤바꾼다는 것은 그들의 시각에서 볼 때 얼토당토않은 이야기가 되는 까닭이다.

품질관리라는 개념도 경부고속도로 건설에서 비롯됐다. 서울에서 부산까지 428킬로미터에 달하는 대규모 토목공사를 벌이는 마당에 외국인의 협조나 자문에만 의존할 수는 없었다. 품질관리 분야 전문가들이 사명을 스스로 맡고 나섰는데, 건설연구소에 근무하던 윤상옥·전몽각·김상진·김주원·윤정윤 등이 그들이다. 우리나라 기술시험 분야의 신기원을 이룩한 개척자들이라고 할 수 있다.

개척자들은 시험용 장비를 들여오는 한편으로, 시험요원들을 부랴부랴 양성해 현장에 배치하는 등 강행군을 계속한다. 시험과가 공식적으로 편제되기 전에는 급한 대로 수원공구사무소에 현장시험실을 설치했는데, 여기에 소요되는 시험기기는 국립건설연구소에서 빌려 썼다. 그것만으로는 충분하지 않았을 뿐만 아니라 급증하는 업무량에 대응할 수도 없었기 때문에 상당량은 미국이나 일본에서 수입해 현장에 투입했다. 그러다 수원공구사무소를 시작으로 여러 공구사무소에도 시험과가 설치되면서 시험 장비 도입은 물론 연구요원 양성에도 탄력이 붙는다.

그런데 이론과 실기를 고루 갖춘 시험요원을 확보하는 일은 장비를 도입하는 일보다도 더욱 어려운 일이었다. 그래서 서둘러 마련된 방안이 시험요원을 자체적으로 육성하자는 것이었다. 1968년 3월 15일, 공무원시험 합격자와 공고 졸업생들로 8명을 선발해 2주간의 교육을 실시한 다음 수원공구 현장에 배치함으로써 제대로 된 시험의 첫걸음을 내디뎠다. 이어 4월 16일 공개시험을 통해 선발한 28명을 국립건설연구소 위탁교육과 건설현장 실기연수를 통해 육성해 오산~대전 건설현장에 배치하고, 9월에도 같은 방식으로 62명을 육성

경부고속도로 건설에 시험감독(기술연구요원)으로 참여한 전몽각 씨가 개인적으로 찍은, 경부고속도로 공사 현장과 주변 풍광·풍속이 어우러진 사진들. 전 씨는 사진작가로도 활동해 사진전을 열고 사진집을 내기도 했으며, 토목공학자이자 교육자로서 성균관대 부총장을 지냈다.

해 여러 현장에 파견했다. 공사 구간이 늘어남에 따라 시험요원의 수요도 늘어나, 이후에도 공고와 공대 출신의 우수한 두뇌들이 고속도로 시험요원으로 계속 흡수된다.

이들에 대한 장관의 관심과 독려도 적극적이었다. 옥외 작업이 어려운 겨울에는 모든 공구사무소가 현장 종사원을 위한 교육훈련장으로 바뀔 정도였다. 토질·토공·포장·구조물 등 모든 분야에 걸쳐 이론과 실기에 대한 교육이 활발하게 진행됐다.

각고의 노력 끝에 비로소 품질관리 업무가 자리를 잡게 되고, 그동안 그들을 뒷받침해 온 주원 건설부장관이 어느 날 시공업자들과 같이한 자리에서 큰소리를 친다.

"이제 시공 업체 여러분도 독자적으로 시험 설비와 요원들을 갖추고 품질관리를 겸행한 완벽한 시공을 기하도록 해 주시오!"

품질관리의 중요성이 점점 부각되면서 일각에서는 볼멘소리도 나왔다. 점점 까다로워지는 시험 절차와 그로 인한 재시공 과정에서, 한편으로 공사 기간에 대한 압박으로 밤잠도 이루지 못하는 공사감독, 다른 한편에는 튼실한 고속도로를 만들어야겠다는 일념으로 똘똘 뭉친 시험요원들 사이에 알력도 있었다.

반면, 지장(智將)과 덕장(德將)의 면모를 두루 갖추고 난관을 헤쳐 나가는 명장(名將)도 있었다.

어느 날 감독과장 윤영호 대령이 품질관리 담당 김주원 기사를 직접 불러서 부탁한다.

"현장밀도시험을 실제로 한번 해 주게나."

청와대 파견단에서 대통령과 머리를 맞댔던 토목계의 베테랑 윤 대령이 대학을 갓 나온 풋내기 토목기사에게 지시도 아니고 부탁이라니…. 김주원 기사가 몸 둘 바 몰라 하며 시험 기구를 사용해 현장 밀도시험을 실제로 해 보이는 동안 윤 대령은 옆에서 진행 과정을 꼼꼼히 지켜본다.

"잘 알았소. 수고했어요."

윤 대령은 만족한 표정으로 자리에서 일어서며 김 기사에게 담배를 권한다. 평소에도 젊은 엔지니어들을 가벼이 대하지 않던 윤 대령의 따스한 일화들은 50년 지난 지금까지도 전설로 전해진다.

공사부터 시작하고 따낸 예산

우여곡절 끝에 추정 공사비를 산출해 내고 첫발을 뗐지만 그것은 어디까지나 '추정'일 뿐, 정식으로 추경예산을 따내는 숙제가 남았다.

1968년 5월 2일, 제1야당 신민당은 경부고속도로 건설을 비난하는 성명을 공식적으로 냈다.

6월 13일부터 이어진 국회의 추경예산안 심의에서 예상대로 치열한 공방전이 펼쳐졌다. 재경·내무·국방·건설 등 4개 상임위원회가 소관별 부분국정감사를 실시했는데, 건설위원회에서 야당은 고속도로 건설에서 '예산법정주의' 위배 문제, 특혜 공사 문제 등을 중점적으로 따졌다. 그 감사 결과를 토대로 추경예산안에 대한 정책질의가 있었는데, 야당 의원들은 '사전공사'를 집중적으로 추궁했다.

"우리가 요전 감사를 통해서 알아 낸 것으로는, 예산이 책정돼 있지 않은 구간의 공사를 정부에서 집행을 하고 있는 것입니다. 업자와 계약 체결도 하기 전에 공사를 발주해 가지고 진행시키고 있다는 것입니다."

"3개 업자가 경인고속도로에 대해 계약한 것은 5월 18일로 알고 있습니다. 우리가 현장 시찰을 갔을 때도 이미 공사를 하고 있었어요. 계약 체결도 없이 공사를 4월부터 착수했다는 말인데, 어떻게 해서 업자가 정부와 시공계약도 없이 공사를 착공할 수가 있는가?"

물고 늘어지는 질의에 주원 건설부장관이 두루뭉술하게 답변한다.

"사업을 집행해 나가는 데 있어서 그 과정에 불합리성이나 부작용을 없게 하기 위해서, 각료회의에서 정책이 결정되면 집행 무렵에는 항상 주의를 하고 최선의 노력을 다하고 있다는 것을 말씀드립니다. 대체로 총예산은 경부고속도로가 320억 원, 경인고속도로가 약 35억 원, 이와 같은 계획 하에서 추진하고 있습니다. 공사를 추진하는데 예산이 없는 공사를 발주한다든지 그런 사실은 없고, 계약 없이 공사를 한 것도 없습니다. 고속도로에 대한 예산이 작년에 당초 약 20억원, 국고 채무부담행위에서 약 15억 원의 예산이 있었습니다. 그 예산을 가지고 건설부는 그 범위 내에서 계약을 하고 공사를 집행해 온 것입니다. 국고 채무부담행위로 이루어진 것을 현금 지출을 못 하고 외상 공사를 한 것은 있을지언정, 예산이 없다든지 계약 없이 공사를 집행할 수는 없습니다."

사전공사 여부를 놓고 벌어진 공방전은 자못 오랜 시일을 끌었다.

거의 반년이나 지나 12월 7일 건설위원회에, 국회 전문위원으로 옮긴 서정우 전 국토보전국장이 보고자로 나선 일이 있었다. 위원장 사회로 일반국정감사 결과 처리를 논하는 자리였다.

"경부고속도로의 사전공사에 대한 문제입니다. 사실 조사를 한 결과, 1968년 1월 29일 서울~수원 계약 이후에 6월 7일 서울~오산으로 계약 변경까지의 기간에 수원~오산 현장에서 계약 이전에 건설부 감독 하에 공사를 한 사실이 있습니다. 제6공구는 4월 28일부터 시공했고, 제7공구는 5월 5일부터 시공한 결과가 나타났습니다. 두 번째인 경인고속도로는 삼안산업과 계약 타결 준공한 3월 5일 이후부터 3개 업체가 착공한 3월 20일까지 약 15일 동안 현장에서 공사를 했는지 조사한 결과, 건설부 감독 하에 공사를 한 사실이 있었습니다."

이제 어쩔 수 없는 상황에 이르렀다. 그동안 능수능란하게 대응했던 주원 장관도 더 이상 버틸 재간이 없었다. 그러나 주원 장관은 참으로 강심장이었다.

"그런 일은 전혀 없었습니다."

앞서 건설위원회 소속 의원들이 사전공사가 진행되는 현장을 직접 본 것은 사실이었다. 공사일지도 입수돼 물적 증거까지 있었다. 그래서 "예산법정주의를 위배한 것이 아니냐"고 따져 물은 것인데 건설부장관은 발뺌을 하며 버텼다.

"그렇습니다. 내가 공사하라고 명령했습니다."

주원 장관이 이렇게 이실직고한 것은 그러나 국회에서가 아니었다. 건설위원회 석상에서는 한사코 잡아떼더니 사석에서, 그러니까 국회 구내식당에서 건설위 소속 의원들과 점심을 먹으면서 슬그머니 사실을 시인한 것이다.

"어느 업자에게는 교량을 착공하라고 했고, 어느 업자에게는 터널을 파기 시작하라고 명령했어요. 없는 돈을 가지고 큰 공사를 벌이려 하다 보니 산더미만큼 드는 금리도 생각하지 않을 수 없었습니다. 국회에서 예산을 타낸 후에 계약을 맺고 그런 다음에 공사를 시작하려면 벌써 자재비가 뛰어올라서 돈이 더 들게 됩니다. 어차피 건설부로서는 고속도로 건설을 완성해야만 되겠고, 국회에서는 예산이 통과돼야 하리라 봅니다. 예산법정주의를 위배해서는 안 되는 줄을 알지만, 비용을 덜 쓰고 공사를 하자니 이런 편법도 필요하다고 생각했습니다. 제 나름으로는 애국적 동기에서 우러난 고육책입니다. 여러 의원님들께서 양해해 주시기를 바랄 따름입니다."

이런 말을 여당 의원들만 있는 자리에서만이 아니라, 야당 의원들이 동석한 자리에서까지 털어놓는다.

"사실 나는 국회에서 여러분들의 공박을 받는 것보다도 현장에 나가서 불도저 소리를 듣고 있는 편이 훨씬 좋습니다. 공사는 진행되고 있습니다. 여기는 사석이니까 나도 솔직히 사실을 밝힙니다. 그러나 국회에서 여러분이 앞으로도 계속해서 이 문제를 가지고 추궁해 오신다면 나는 종전의 태도 그대로 '사실무근'이라고 우기고 나갈 겁니다."

그러나 상대인 건설위 위원들도 백전노장들이어서 주원 장관의 전술에 탄복만 하고 있지 않았다. 이후에도 계속 물고 물리는 질문과 답변이 이어졌다.

예산을 싸고 벌어진 국회에서의 공방전은 서울부터 부산까지 모든 구간의 공사가 제 궤도에 오르면서 점차 수그러들었다. 경부고속도로가 성공적으로 완성되리라는 전망이 뚜렷해진 다음이라 야당도 별수가 없었다.

'100억 증액'이라 차마 쓰지 못하고

"안 될 것 같습니다, 330억 원으로는. … 대전~대구는 2차선으로 하는 것이 어떻겠습니까."

서울부산간고속도로 건설공사사무소 허필은 소장이 조심스럽게 입을 연다. 대통령은 단호하게 잘라 말한다.

"그건 안 되오. 고속도로는 차량 통행만을 위해 건설하는 것이 아니지 않소. 산업적인 면도 있고, 군사적인 면도 있고. 그러니 모두 4차선으로 해야만 하오."

"330억으로 끝마치려면 이렇게 할 수밖에 없습니다."

그러나 누구보다 오랫동안 연구하고 많은 고민을 한 대통령에게 먹힐 제안이 아니었다. 경부고속도로에 대한 대통령의 열정은 누구보다 강했다. 청와대 파견단을 꾸려 수시로 함께 머리를 맞대고 연구했고, 추진위가 구성될 때는 위원장을 맡겠다고 나설 정도였다. 수시로 건설 현장을 찾는 것은 물론이고, 경복궁 안에 있던 건설부 상황실에도 수시로 찾아가서 지도를 펴 놓고 의견을 나눴다.

건설 현장에서도 예산을 놓고 고민이 이어졌다.

"큰일 났습니다. 도저히 330억 원으로는 불가능합니다. … 그러면

터널의 조명 시설은 국산으로 하시죠."

예산도 예산이지만 30개월, 고작 2년 반이라는 공사 기간도 마찬가지였다.

"그게 가능할까?"

지시를 받은 누구나 이런 반응을 보였다.

궁즉통이라 했던가, 머리를 맞댄 결과 공기를 맞출 방법부터 찾아냈다. 서울~수원 구간을 우선 시작하고, 이어서 수원에서 오산까지, 오산에서 천안까지 하고, 천안에서 대전까지 한 뒤, 대전~대구 구간은 암석 지대가 많고 지형이 험하니 미루고, 부산에서 대구까지 역방향으로 먼저 시작한 다음에 대전~대구 구간을 제일 마지막에 착공하는 방식이었다.

건설 현장에서도 많은 아이디어들이 쏟아졌다. 대표적인 것이 '보조기층'을 혼합기층으로 하는 공법이다. 혼합기층이란 돌을 깨서 모래와 섞은 것을 밑에 깔고 그 위에 아스팔트를 2.5센티미터 까는 공법인데, 공사 기간은 물론 예산까지 아끼는 일석이조의 효과를 봤다.

"사업비를 면밀하게 다시 검토해 봅시다."

서울~수원 구간 착공 후 수시로 현장을 둘러본 대통령이 4개월여가 지난 6월 어느 날 허필은 소장을 부른다. 예산을 현실화해 주겠다는 뜻이다. 추가 예산을 따내는 일이 힘들다는 것을 잘 알고 있던 대통령이었지만 부득이한 결정이었다. 현장에서 토해 내는 볼멘소리를 귀가 따갑게 듣던 허 소장에게는 참으로 고마운 지시가 아닐 수 없었다. 허 소장은 즉시 재검토 작업에 착수했다.

건설공사사사사무소는 허필은 소장 아래 기술과·감독과·시험과·관리과의 4과로 구성됐다. 건설부에서 서기관 2명이 파견 나와 기술과 장과 시험과장을, 공병대에서는 대령 2명이 감독과장과 관리과장을 맡고 있었다. 그중 송한섭 기술과장의 '실력'이 발휘된다. 서울대 토목과를 나와 건설부 사무관으로 공직을 시작한 송한섭 과장은 앞서 시작된 서울~인천 고속도로를 담당했었기 때문에 고속도로에는 누구보다 밝았다. 1967년에는 계획조사단에서 실무위원으로 일한 바 있었다.

"공사 내역을 재검토해서 예산을 집계해 보니 120억~130억 원이 더 필요하다는 결론이 나왔어요. 그런데 100억 원이 넘는다는 소리를 할 수가 없는 거예요. 그래서 100억 원 밑으로 맞추기로 하고, 99억 7,300만 원을 증액해야 한다고 보고서를 꾸몄습니다."

허필은 소장은 이 결과를 토대로 보고서를 꾸려 건설부 파견사무실로 달려간다. 주원 장관의 후임인 이한림 장관이 그곳에 상주하다시피 하고 있었다. 주원 장관이 지장이자 덕장이었다면 이한림 장관은 맹장(猛將) 스타일이었다.

육사 출신인 이한림 장관은 대통령과 악연 많은 군인이었다. 5·16 혁명 당시 제1군사령관으로서 쿠테타를 진압하겠다고 나섰을 만큼 강한 성격의 이한림이었다.

"쿠데타 발생 후 30여 시간 동안 정말 길고도 긴 시간을 보냈고, 그토록 번뇌와 많은 생각을 한꺼번에 한 적이 일찍이 없었다. 물론 그 시간에 잠이 올 리 없었으며, 식사도 제대로 못 했다."

회고록에 담긴 내용이다. 그랬던 그가 이즈음에는 대통령과 한 뜻으로 경부고속도로라는 '강적'과 맞서고 있었다.

허겁지겁 들이닥친 허필은 소장이 준비한 보고서를 이한림 장관의 책상에 올려놓고, 따로 준비해 간 보고자료를 들고 부연설명을 하려는데,

"잠깐만! 먼저 한번 봅시다…."

보고서부터 읽어 내려가던 이한림 장관은 환한 얼굴로 자리에서 벌떡 일어서며

"됐어! 갑시다!"

두 사람은 그 길로 청와대로 향한다. 허필은 소장이 이한림 장관과 함께 대통령을 만나러 간다는 연락을 받은 송한섭 기술과장은 초초하게 결과를 기다렸다.

한참이 지난 저녁 늦게 전화 벨이 울리고, 허필은 소장의 밝은 목소리가 흘러나왔다.

"통과됐어! 각하가 사인을 했어!"

그렇게 경부고속도로 총 사업비는 당초 330억 원에서 99억 7,300만 원이 추가돼 429억 7,300만 원으로 확정됐다.

예산 문제는 대전~대구 사이 마지막 구간을 건설할 때 다시 불거진다. 1970년, 허필은 소장은 한국도로공사 사장으로 옮기고 건설공사사사무소는 신임 한유록 소장이 맡고 있었다.

어떤 일이든 진행 과정에서 이것저것 추가되는 일이 생기기 마련이다. 더욱이 이때는 고속도로 건설 예산으로 일부 쓰기로 했던 대일청구권자금까지 모두 바닥난 상황이었다.

"이거 추가합시다."

"절대로 안 됩니다."

"이것도 해야겠는데…."

"안 됩니다. 돈 없습니다."

이런 식의 대화가 매일같이 오갔다. 송한섭 기술과장의 고민이 또다시 깊어졌다.

'어떻게 맞춰진 예산인데….'

또다시 추가 예산을 논할 수는 없었기 때문에, 어떻게든 429억 7,300만 원으로 끝을 맺으려고 애썼다. 나중에는 추풍령에 기념탑을 세우는 비용까지 아껴야 할 처지가 됐다.

"기념탑 공사의 일부는 도로공사가 정산해 주십시오. 도저히 예산이 없어서 안 되겠습니다."

송한섭 기술과장은 궁리 끝에 전후사정을 잘 아는 허필은 사장을 찾아가 손을 벌린다.

"그래요. 여기서 방법을 찾아 보지."

허필은 사장은 흔쾌히 받아들였고, 그래서 추풍령 정상의 경부고속도로 건설기념탑을 도로공사 예산으로 가까스로 세울 수 있었다.

최초 330억 원에서 최종 430억 원까지, 경부고속도로 건설 예산이 짜이고, 늘어나고, 쓰이는 과정에는 그 밖에도 알려지지 않은 사연이 많다.

"우리는 사명감을 가지고 해야 된다는 생각이었어요. 그래서 고속도로 건설에 참여한 업자들한테 밥 한 끼 안 얻어먹었어요. 그 대신에 박정희 대통령이 매달 100만 원씩을 보냈고, 허필은 소장이 봉투에

붓글씨를 써서 한 명 한 명 나눠줬어요. 그걸로 불가피하게 들어가는 비용을 충당했어요."

송한섭 기술과장의 회고다.

현장으로, 현장으로

"이제 우리가 가야 할 길은 정해졌습니다. 해봅시다. 할 수 있습니다."

잰걸음으로 서울에서 부산까지 한 땀 한 땀, 또박또박 이어 간 고속도로의 맨 선봉에 선 대통령은 마음이 급했다. 마냥 앉아서 기다릴 수가 없었기에 수시로 틈틈이 이 현장 저 현장으로 직접 찾아가서 격려하고 다독였다.

'자손만대에 남길 튼튼한 고속도로를 만들자.'

건설 현장 곳곳에는 이런 다짐을 큼지막하게 내걸었다. 어느 현장에서는 자동차가 들어갈 수 없었기 때문에 우마차를 타고 들어가 진입로를 열었다. 또 어느 현장에 가려면 뗏목을 만들어 타고 강을 건너야만 했다.

"작업차는 최대의 우선권을 갖는다."

대통령은 건설 현장을 시찰할 때 골재를 실은 트럭을 만나면 반드시 차를 멈춰 세웠다. 대통령이 2,500원짜리 고물 시계를 차고 다녔다는 사실은 많이 알려졌지만 이런 사실을 아는 사람은 많지 않다. 트럭에 길을 양보한 대통령은 맹렬하게 먼지를 일으키며 지나가는 트력을 바라보며 흐뭇한 미소를 짓는다.

현장 시찰 때 대통령은 헬리콥터로 가야만 하는 현장 이외에는 주로 지프를 이용했다. 수행원이 여러 사람 따라오는 것도 즐거하지 않아 늘 최소한의 관계자만 대동하고 다녔다.

낙생면 동원리에 있는 수원공구사무소를 시찰할 때다. 현장에는 청와대 파견단에서 일하던 윤영호 대령이 감독과장으로 있었고, 그의 보좌관이었던 심완식 대위가 사무실에 남아 있었다. 대통령이 시찰을 나온다는 전갈에 심 대위가 급히 서울톨게이트 건설현장으로 나갔다. 젊은 군인이라 초긴장해서 한참 동안 입도 열지 못하다가 가까스로 브리핑을 마치고 대통령을 공사 현장으로 안내하는데, 대통령은 이날도 지프를 타고 있었기 때문에 안내를 맡은 선두 지프에 심완식 대위, 그 뒤 지프에 대통령, 그리고 김현옥 서울시장 등 수행원들이 탄 고급 승용차들이 맨 뒤를 따르는 모양새가 됐다. 잠시 뒤 심대위가 탄 지프를 선두로 차량들이 줄지어 달이내고개의 공사 현장에 도착하자, 작업을 하고 있던 군 공병대 장병들은 일손을 멈추고, 대통령의 두 번째 지프는 무시하고 맨 뒤의 승용차를 행해 일제히 거수경례를 하는 것이었다. 심 대위는 물론 김현옥 시장 등 승용차에 탄 사람들도 안절부절못하는데, 정작 대통령은 지프에서 지긋한 미소를 머금고 있었다.

현장 시찰 중에 위험한 순간을 맞기도 한다. 안경모 단장의 회고나.

"1969년 6월경이었어요. 서울~강릉 고속도로 예정 노선을 공중 답사할 때였는데, 헬리콥터가 대관령을 넘어서면서 엔진 고장을 일으켰지요. 다행히 신형이어서 엔진이 꺼진 후에도 2분가량은 활공을

(위) 경부고속도로 난공사 구간 중 하나인 황간공구를 헬기로 현장 시찰하는 박정희 대통령 (1968). 왼쪽 두 번째부터 공구 소장 박찬표 중령, 박 대통령, 주원 건설부장관

(아래) 절토공사 현장 시찰(1968). 박 대통령은 수시로 곳곳의 현장들을 직접 찾아가서 현장 관계자들과 머리를 맞대고 직면한 현안들을 지혜롭게 풀어냈다.

할 수 있었던 덕분에 근처 보리밭에 비상착륙해 큰 사고는 모면할 수 있었습니다."

수행원들은 그럴 때마다 '천운'이 있더라는 걸 믿을 수밖에 없었다고 한다.

'기간 내 기필 완공. 대통령 박정희'

대통령의 현지 시찰은 공사 관계자들의 의지에 더욱 불을 붙였다. 현장을 방문한 고위공무원들도 공사 관계자들의 사기를 돋구기 위해 친필로 당부사항을 적어 남겼다.

'질과 공기 엄수, 변명 무용. 건설부장관 주원'

'공기 조기 완공. 건설부 차관 최종성'

'조기 완공을 위하여 진력할 것을 당부함. 건설부장관 이한림'

"청와대 방동식 소령입니다. 역장이십니까? 서울~부산 고속도로 건설에 소요되는 시멘트가 그 역에 있는 줄 압니다. 시멘트 수송이 지연돼 공사 추진에 어려움을 느끼고 있으니, 조속히 도착돼야겠습니다. 시멘트를 실은 화차의 출발 시간과 화차 번호를 속히 알려 주시오."

지방 철도역의 역장이 이런 독려 전화를 받고 어떻게 조치를 취했는지는 짐작이 갈 것이다. 그런 분위기를 십분 활용해 어느 공사사무실에서는 현장이나 용역회사에 전화를 길 때 청와대를 팔기도 했는데, 결과는 항상 직효였다고 한다.

"대사님이십니까? 대한민국 청와대 방동식 소령입니다. 고속도로 건설공사에 투입될 장비가 그 나라에서 출고 준비를 하고 있습니다.

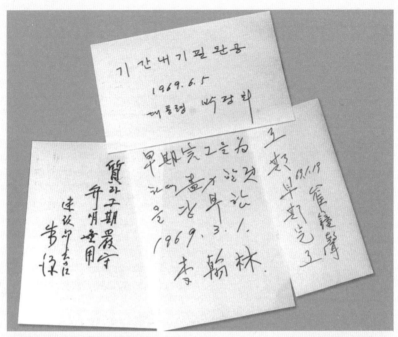

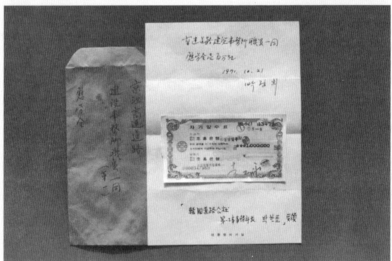

(위) 박정희 대통령이 경부고속도로 건설 관계자들에게 남긴 격려 메시지들

(아래) 박정희 대통령은 경부고속도로뿐만 아니라 각종 건설공사 현장을 방문할 때 격려금을 봉투에 담아 현장소장에게 전달하곤 했다. 건설 참여 업체들에게 손을 벌리지 말라는 의미였다. 이후 현장소장은 격려금의 용처를 소상하게 적어 청와대 비서실에 보고했다.

속히 국내 공사 현장에 투입되도록 조치를 취하시고 그 결과를 빠른 시일 내에 알려 주시기 바랍니다."

현지 대사관에 독려하는 내용이다. 공사 추진을 위해서는 국내는 물론 지구상 어떤 곳이든지 관련되는 사항을 살피고 야무지게, 열심히 다그치며 독려했다.

'국력=(인력+자본)×의지'

어느 공사 현장 사무실에 붙어 있던 표어다. 대통령이 맨 앞에서 지휘하고 챙기며, 독려하고 밀었다. 그래서 당시 그 일을 맡은 건설공사사무소 현장 직원들은 관리자들을 '미친 사람들'이라고 할 정도였다.

"할 수 있다! 나는 할 수 있다!"

어느 현장소장은 아침에 출근하자마자 이렇게 목청껏 외치며 스스로를 독려하기도 했다.

"나라의 경제 발전은 국가와 민족에 대한 사명의식 여하에 크게 좌우된다는 것을 강조하고 싶습니다. 이제 우리는 우리의 번영을 기약할 자립의 평원을 향해 전진할 때가 왔습니다. 이 민족의 대열에 나 자신이 선두에 설 것을 다시 한 번 다짐합니다. 그러나 어떠한 좋은 계획이나 방침도 여러분의 적극적인 협조 없이는 성공할 수 없는 것입니다."

경부고속도로 건설이 한창일 때 대통령이 어느 곳에 가든 누구를 만나든 으레 하는 말이었다. 고속도로는 그야말로 대역사였다. 위로 대통령으로부터 아래로 잡역 인부에 이르기까지, 누구라 할 것 없이 모두가 엄청난 고난을 감내해야만 했다. 경부고속도로 건설에 참여한 모두는 고난의 길을 묵묵히 걸었다. 그야말로 질곡의 여정이었지만, 희망을 찾아가는 길이었기에 고되지만은 않았다.

우렁찬 강토의 울림은 희망을 향해 밤낮없이 내달렸다. 고속도로 건설만이 부강한 조국의 내일을 가져온다는 뜨거운 믿음 아래, 애국심과 열정과 땀으로 모두들 몸이 부서져라 일에 매달릴 뿐이었다.

"이 공사에서는 이익이 없다."

경부고속도로 건설에 참여한 건설업자들은 하나같이 적자를 봤다. 그들도 처음부터 그럴 거라는 예상을 하고 있었다. 그러면서도 모두 자진해서 참여하기를 희망했다. 공사에서 비록 적자를 보는 한이 있더라도, 이 역사적인 공사에 참여한다는 데서 보람을 찾은 것이다.

"감독도 미친놈이고, 업자도 미친놈이고, 노무자들도 미친놈이다."

당시 고속도로 건설 현장들에 퍼져 있던 자조 섞인 유행어다. 그들을 미친 사람이라고 지칭한 것은 남이 아닌 바로 그들 자신이다. 미치지 않고서는 못 해먹을 짓을 하고 있는 그들이 서글픔도 섞어서 그런 유행어를 만들어 낸 것이다. 경부고속도로는 대통령, 현장감독관, 시공업자, 노무자 등등 고속도로 건설 현장을 누빈 '미친 사람들' 모두가 이룩해 낸 걸작이었다.

자식을 파묻는 심정으로

"건설공무원교육원에서 두 달 동안 배웠다고는 하지만, 막상 현장에 배치를 받고 보니까 그저 막막하더군요."

수원공구 현장감독을 맡게 된 황홍석 중위는 공부하는 자세로 감독에 임했다. 우선 시방서를 딸딸 외워 버렸다. 그리고 고속도로에 관련된 국내외 서적을 구해서 밤을 새우며 읽었다. 알아야 면장도 한다는 말처럼, 감독도 알아야 해먹는다는 생각뿐이었다.

환경이 너무도 열악하던 시절이라 PC빔 하나를 양생하는 데도 고생이 이만저만이 아니었다. 완전히 굳어질 때까지 매일 물을 뿌려 주며 조심스럽게 굳히고, 하나하나마다 병상일지처럼 카드를 만들어 붙이고 매일같이 건조도와 경도를 점검하고 기록해야 했다. 그리고 일일 기록의 날짜가 차면 시험측정기를 들이대고 정밀검사를 진행한 다음, 합격이 되면 그 빔이 비로소 교량이나 육교의 일부로 가설되는 것이다. 시험에서 불합격 판정을 받은 빔은 붉은 페인트로 '사망'이라 적히고 폐기되는 운명을 맞는다.

"가마니를 덮고 때려 부숩니다. 신생아실에서 자라던 아기가 사망했다고나 할까…. 저는 그때 미혼이었지만, 자식을 잃는 슬픔이 아마 이런 게 아닐까 생각하곤 했습니다."

황 중위는 차량 한 대를 보내더라도 한 번 보낼 곳에 두 번 보내는 일이 생기지 않도록 치밀하게 안배하는 요령이 필요하다는 걸 터득했다. 새벽에 일어나면 교통경찰처럼 맨 먼저 장비와 차량의 배치부터 지시했다.

"감독이란 따지고 보면 하찮은 역할을 맡은 사람입니다. 늦잠 자는 노무자나 낮에 조는 인부들을 깨워서 그 손에 연장을 쥐여 주는 것이 바로 감독이 하는 일입니다. 그런데 이 일이 그렇게 쉽지가 않거

든요."

자연히 시공 회사에서 나온 현장 주재 간부나 기술자들과 언쟁을 벌이는 일도 잦았다.

하지만 사람 다루는 일보다 더 힘든 것이 자연과의 싸움이었다. 황 중위는 1968년 8월의 지리한 장마와 폭우를 가장 힘들었던 고비로 꼽았다. 이때 일어난 홍수는 낙생면 동원리에 있는 수원공구 공사사무소까지 밀어낼 기세였다. 사무소 건물은 낙생천과 바로 인접해 있었는데, 어느 순간 물길이 사무실로 밀어닥쳤다. 그 바람에 숙직하던 직원들이 서류 상자를 짊어지고 험한 물길을 헤엄쳐 대피해야만 했다.

쏟아지는 빗줄기가 심상치 않은 조짐을 보이고 있었다. 암거 시설도 채 갖춰지지 않은 상황이라 고속도로의 노체가 제방 구실을 하게 됐다. 노체를 넘지 못하고 삽시간에 바다를 이룬 물은 논밭을 뒤덮고, 이어서 산 쪽으로 흘러가 민가 지역 바로 밑에까지 치달아 올라갔다. 밤이 되면서 빗줄기는 더욱 거세지고, 온 동네가 침수 위험에 직면하게 되자 부락 주민들이 들고일어났다.

"도로공사 때문에 물이 집으로 밀려들어 오는 거 아니오! 빨리 어떻게 좀 해봐요!"

백여 명이 손에 손에 연장을 들고 몰려와, 내일 시집갈 동네 아가씨 혼수감까지 물에 잠겨서 못쓰게 됐다는 등 아우성치며 당장 도로를 끊어 버리라고 위협했다. 들고 온 삽자루를 황 중위에게 집어던지는 사람도 있었다.

'어쩌나….'

밤을 낮같이 지새우면서 우여곡절 끝에 완성 단계에 접어든 노체가 너무 아깝다는 생각이 든 것이다. PC빔 한 개를 부수면서도 상당한 마음의 아픔을 겪어야 했는데, 하물며 토공이 거의 끝난 고속도로의 일부를 뭉뚱 잘라내야만 할지도 모르는 상황에 부딪힌 것이다.

황홍석 중위는 만일의 경우에 대비해 불도저 한 대를 비상대기하도록 조치해 놓고 있었다. 서둘러 장비기사를 불렀다.

"어떻게 할까요? 부숩니까?"

불도저 기사가 물었지만 황홍석 중위는 한참을 더 망설였다. 잠시 뒤에 면장이 달려오고, 경찰관도 여럿 몰려와 재촉했다. 비는 계속 쏟아지고 있었고, 더 이상 어찌할 도리가 없던 'PC빔의 아버지' 황홍석 중위는 결국 떨어지지 않는 입을 간신히 뗀다.

"절단… 하시오…. 한 7~8미터쯤 잘라내면 되겠지. … 어서 해…."

대공 표지에 격려금도

1968년 12월 2일, 박정희 대통령이 내무·국방장관과 육군참모총장을 대동하고 천안공구와 대전공구를 불시에 방문했다. 이튿날로 예정된 대구 제2군사령부 신청사 준공식에 가는 길에 대통령 일행이 탄 헬기가 천안공구 건설 현상에 잠시 내린 것이다.

늘 하던 것처럼 세세한 질문을 이어 가던 대통령이 현황을 설명하던 한용석 기사에게 묻는다.

"애로사항은 없는가?"

"없습니다!"

"군에서 파견 나온 감독은 몇 명인가?"

"2명입니다!"

"현재 진도는?"

"64퍼센트입니다!"

"… 대공 표지가 없는데?"

"몽단이고개에 2개 있습니다!"

마지막에 '대공 표지'를 물은 데 특별한 의미가 있는 것은 아니다. 그런데 대통령은 그다음 들른 현장에서도 별 의미 없는 대공 표지를 또 묻는다.

천안에 이어 대통령 일행의 헬기가 대전공구에 내리자 전영배 소장이 브리핑을 했다.

"공병대가 맡은 몽단이 북쪽은 어느 공구인가?"

"천안공구입니다!"

"몽단이공구는 언제쯤 준공되는가?"

"12월 10일경이면 대충 끝나겠습니다!"

"내가 보기에는 그렇게 될 것 같지 않은데?"

"부지런히 시공하겠습니다!"

"직원은 몇 명인가?"

"건설부 20명, 장교 8명, 임시직원 46명, 계 74명입니다!"

"허필은 장군은 자주 오시나?"

"네, 자주 오십니다!"

브리핑을 마치자 대통령이 안주머니에서 봉투 하나를 꺼내 전 소장에게 건넨다. 금일봉이었다.

"고생이 많아요. 대공 표지가 잘 보여서 좋아요."

대전공구사무소 지붕에는 '서울부산고속도로 대전공구 공사사무소'라고 큼지막하게 쓰인 대공 표지가 햇빛에 빛나고 있었다.

대통령 일행이 현장을 떠나려고 헬기 쪽으로 발걸음을 옮기는데, 수행원 한 사람이 전 소장에게 다가와서 슬쩍 귀띔했다.

"대공 표지를 보시더니, 들렀다 가자고 하셨어요."

대통령이 상공에서 대공 표지를 보고 흡족해 했다는 말이었다.

대통령 일행이 떠난 뒤, 흐뭇한 표정으로 서 있는 전영배 소장 옆으로 사람들이 모여들어서 한마디씩 농담을 건넨다.

"페인트 값 한번 되게 받았네요!"

"몇 군데 더 대공 표지를 해야 하지 않을까요?"

대공 표지가 돈을 벌어 줬다는 희한한 소문이 널리 퍼졌고, 다른 공구에서도 눈에 띄는 건물마다 지붕에 큼지막하게 대공 표지를 해 나갔다.

경인, 경수고속도로 개통

'뻗어가는 고속도로, 삼천 리는 이웃 된다.'

1968년 12월 21일 오전 10시, 서울 양평동 당중국민학교. 경인고속도로와 경부고속도로 서울~수원 구간의 개통을 축하하는 플래카드가 크게 나붙은 개통식장은 축하 인파로 가득했다.

"오늘 우리나라에서 처음으로 국가 간선도로의 일부가 고속화돼서 그 준공을 보게 됐습니다. 이 도로가 하루빨리 준공되는 것을 우리 온 국민들이 고대하고 있었기 때문에, 이 소식을 들은 국민들은 다 같이 기뻐하리라고 생각합니다. 오늘날 근대 산업국가에 있어서 도로의 혁명 없이는 산업의 혁명을 가져올 수 없고, 도로의 근대화 없이 산업의 근대화를 가져올 수 없다 하는 것은 하나의 상식으로 돼 있는 것입니다."

경인고속도로가 개통됨으로써 과거 서울에서 인천까지 가는 데 한 시간 이상 자동차로 달려야 했던 것이 불과 15분 안팎으로 단축됐다. 경인고속도로는 물류에도 일대 혁신을 가져왔다. 경인 지역의 여러 산업은 경인고속도로와 함께 성장했고, 주변 지역 역시 하나 둘 도시로 탈바꿈하며 상전벽해가 됐다.

박정희 대통령은 이날 경인고속도로 입구에서 개통 테이프를 끊고 단숨에 가좌인터체인지까지 시주한 뒤 출구 테이프를 끊어 경인고속도로를 개통시켰다.

경인고속도로가 개통된 그날 또 한 곳, 경부고속도로가 시작되는 서울 양재동 서울톨게이트에서 역사적인 개통 행사가 열린다. 경부고속도로의 첫 구간인 서울~수원 구간(일명 경수고속도로)이 드넓게 열린 것이다.

박정희 대통령은 서울 이수교와 양재동 톨게이트에서 각각 개통 테이프를 끊고 고속도로에 들어섰다. 대통령은 노면에 샴페인을 뿌리며 자손만대에 이어질 경부고속도로의 앞날을 축복했다.

'뻗어가는 고속도로 삼천리는 이웃된다.' '이룩된 고속도로 민족의 알찬유산.'
경인고속도로, 경부고속도로 서울~수원 구간(경수고속도로) 개통식(1968. 12. 21, 서울 당중국
민학교)

삼부 요인을 비롯한 관료들, 그리고 각국의 주한 외교 사절들이 단상에 자리를 잡았고, 팡파르가 우렁차게 울려 퍼지면서 행사장의 분위기는 한껏 고조됐다. 이 역사적인 순간, 연단에 오른 대통령의 목소리는 자신감에 차 있었다. 우여곡절이 참으로 많았던 길이었기에 첫 번째 결실은 너무나도 감개무량한 것이었다.

"우리 경제가 나날이 상당히 빠른 속도로 성장이 되어 가고 있는데, 경제 성장이라는 것은 반드시 공장을 많이 짓고 생산을 많이 하는 것만으로써 모든 목적이 이루어지는 것은 아닙니다. 여기에서는 사람의 몸집이 커지면 반드시 옷이 커져야겠고, 신발이 커져야겠고, 여러 가지 따라가는 물건이 부수해서 달라져야 되는 것입니다. 마찬가지로 생산이 늘고 경제 규모가 커지면, 물자를 운반하는 수단도 늘어나야 됩니다. 뿐만 아니라 폭이 훨씬 더 넓은 고속화된 이런 도로들이 생겨야만 이러한 유통이 신속하고 또한 원활해질 수 있다고 하겠습니다. 이러한 수송 수단이 뒷받침되어야만 경제가 같이 성장할 수 있다는 것입니다."

이즈음은 경부고속도로의 최대 난공사 구간으로 꼽히던 대전~대구 구간이 기술조사 결과 큰 고비를 넘기고 설계 과정에 들어간 상황이었기 때문에 대통령의 표정은 내내 밝았다. 고속도로 건설의 대장정이 이처럼 순조롭게 된다면, 예정보다 빨리 경부고속도로를 완전 개통할 수 있을 것이라는 판단이 들었기 때문이다. 포효는 계속 이어진다.

"특히 이번 공사에 있어서 우리가 가장 자랑스럽게 생각하는 것은 경인고속도로와 경수고속도로 모두 우리의 기술을 가지고 한다는 것입니다. 경인고속도로는 아시아개발은행에서 일부 차관을 얻기는 했습니다만, 그 나머지는 전부 우리의 기술과 우리의 재원을 가지고 이 공사를 한다는 것입니다. 또한 이 공사는 세계에서 가장 싼 값으로, 또한 가장 빠른 시간으로 된다는 것을 우리는 자랑스럽게 생각합니다."

대통령은 '우리 기술, 우리 돈으로' 고속도로의 대역사를 이뤄 내겠다는 점을 특별히 강조했다. '우리도 할 수 있다'는 자긍심을 국민에게 심어 주려는 것이었다.

"1970년 여름쯤 가서는 서울과 인천은 경인공업권으로 하나가 되고, 부산을 중심으로 한 영남공업권도 4시간 30분이면 갈 수 있게 됩니다. 이 고속도로를 통해서 여러 가지 새로운 산업이 발달하게 될 것이며, 또한 경제 개발에 크게 이바지할 것을 우리는 기대해 마지않습니다. 또한 세계은행 조사단은 여러 간선도로에 대한 기술조사를 진행하고 있습니다. 이것이 끝나고 경부고속도로가 완공되는 1970년 중간쯤 가면, 서울~강릉, 대전~호남, 남해안~동해안 등 이러한 도로를 연차적으로 계속 착공할 계획입니다."

대통령은 더 먼 미래의 대한민국을 보고 있었다. 이 약속은 그대로 지켜진다. 대통령이 언급한 고속도로와 주요 간선도로가 전부 완공이 되면서, 도시와 농촌이 하나가 된다. 또한 공업과 농업이 한데 어우러져 모든 산업이 근대화의 길로 들어서게 된다. 대한민국이 명실상부한 산업국가 지위에 오르게 되는 발판이 이날 마련된 것이다.

"앞으로 이 길을 통해서 우리나라에 어떠한 산업이 발달이 되고,

어떠한 새로운 산업이 발달될 것인가 하는 것을 한번 생각하면서 달려 보시기를 바랍니다. 동시에 이 길에는 우리들 세대뿐만 아니라, 후세에 우리 후손들이 100킬로미터라는 빠른 속도로 주야로 달리면서 우리나라 발전에 크게 기여한다는 것을 생각할 때 흐뭇한 마음을 금할 수가 없습니다."

연설을 마친 대통령은 바로 이틀 전에 발족한 고속도로순찰대 순찰차의 에스코트를 받으면서 서울부터 수원까지 드넓게 펼쳐진 경부고속도로 첫 구간을 시원스레 내달렸다. 공군기 두 대가 오색 연막을 내뿜으며 함께 비행해 축제 분위기를 고조시켰다.

이날 검은색 코트를 입은 대통령 곁에는 핑크색 한복 차림의 육영수 여사가 동행하고 있었다. 테이프 커팅을 하고 고속도로를 시주한 대통령 차량이 신갈인터체인지에 도착했을 때다. 차에서 내린 육영수 여사는 경축 인사들과 어울려 담소를 나누다가, 점퍼도 없이 군복 차림으로 이리저리 부산하게 뛰어다니던 건설공사사무소 기획 담당 김덕산 소령에게 말을 걸었다.

"김 소령님! 날씨도 추운데 왜 점퍼도 안 입으셨어요?"

개통식 진행 총책을 맡아 사흘째 철야 근무를 한 데 이어 이날도 눈코 뜰 새 없이 뛰어다니던 김 소령이다. 건설 현장을 뛰어다니다가 더럽혀진 점퍼가 귀한 손님들이 많이 오는 행사장에서 입기에는 적당하지 않다는 생각에 새 군복을 꺼내 입고 나온 것이었다.

"오늘이 뭐 춥습니까? 이런 날은 좀 추워야 제격입니다."

그래도 안쓰러움이 가시지 않은 육영수 여사가 잠시 후 한곳을 가

리키며,

"김 소령님! 저기 저 부스 안에는 사람이 들어가는 건가요? 혹은 무슨 컴퓨터가 들어가는 곳인가요?"

육 여사가 가리킨 곳은 통행료를 징수하는 톨부스였다. 대통령을 내조하는 육여사가 대통령의 최대 관심사인 고속도로에 관해 모를 리 없는데도 일부러 위로와 격려의 뜻을 담아 농담을 하는 것으로 생각한 김 소령이 장난스럽게 응수한다.

"통행권을 파는 곳입니다. 물론 컴퓨터가 아니라, 징수원이 들어가지요. 기차 정거장에서 기차표를 팔듯 말입니다."

개통과 동시에 유료화하기로 결정된 경인고속도로와 경수고속도로는 배기량 360cc 이하 소형차와 오토바이는 100원, 승용차와 2톤 이하 차량은 150원씩 받기로 정해졌다. 인쇄된 통행권도 이미 톨게이트에 비치돼 있었다.

"대통령 내외분께 드릴 '통행권 1호'도 준비하고 있었습니다. 드리는 것이 아니고 파는 것인데, 각하 내외분께서 타신 전용차는 통행료 150원에 해당합니다. 혹시 500원짜리 지폐를 내실까 봐 거스름돈 350원도 준비하고 있었습니다."

그러면서 결정적인 한마디를 덧붙였다.

"그런데 왜, 그 역사적인 표를 끊지 않고 톨게이트를 그냥 지나쳐 오셨는지요?"

실제로 이날 양재톨게이트에서는 관계자들 사이에서는 "대통령께서 만약 500원짜리를 내신다면 그 500원짜리는 가보로 확보해야 되겠어", "아니야, 내가 가져갈 거야!" 같은 농담이 오가고 있었다.

핸드백을 승용차에 놓고 내린 육영수 여사가 몹시 난처한 표정으로 멀리 승용차 쪽을 돌아보고는 빈손을 털어 보이며,

"그걸 모르고 그냥 지나쳐 왔으니 어떡하면 좋죠?"

"괜찮습니다. 오늘은 승객으로서 오신 것이 아니라 손님으로서 오신 자리가 아닙니까. 다음부터나 잊지 마시고….''

때마침 곁으로 다가온 비서실 직원을 시켜 승용차에 있는 핸드백을 가져오게 한 육영수 여사가 핸드백에서 봉투 하나를 꺼냈다.

"오늘은 정말 몰라서 그런 거예요. … 그동안 참으로 수고가 많으셨어요. 앞으로도 많은 수고를 해 주셔야 되겠지만요. 약소하지만 이걸 드릴 테니, 함께 일하시는 친구분들과 저녁이라도 잡수세요."

재치 있는 말 한마디로 김덕산 소령은 통행료 150원 대신 금일봉을 받았다. 봉투에는 10만 원이 들어 있었다고 한다.

일주일 뒤인 12월 28일에는 수원~오산 구간이 완공되어 30일에 개통식을 가졌다. 불가능하게만 느껴졌던 대역사의 성과가 하나씩 둘씩 나타나자, 투지 하나로 버티던 건설 현장도 자신감이 붙어 가며 더욱 활기를 띠어 갔다.

인파 때문에 되돌아간 대통령 헬기

1968년 12월 30일, 충북 청원 몽단이고개에서는 공병대가 맡았던 토공의 종결식이 열렸다. 겨울치곤 따스했던 이날 행사장에는 구순 노인들부터 세상 물정 모르는 코흘리개까지 구경꾼들이 새까맣게

몰려들었다. 별다른 구경거리가 없던 시절, 집채만 한 중장비가 천지를 뒤흔드는 굉음을 내며 드나드는 고속도로 건설 현장은 그야말로 진풍경이었던 것이다.

대통령이 참석한다는 소문에 인근 시·도의 공무원들까지 행사장으로 달려왔다. 행사를 준비하는 요원들도 온 신경을 곤두세웠다.

소문의 근원은 하루 전인 12월 29일 청와대에서 있었던 우연한 만남이었다.

제1202건공단 219대대장 전영배 중령이 청와대에 찾아간다. 그의 손에는 공사 종료에 따른 정산 서류, 유공자 포상을 위한 공적 서류, 그리고 대통령이 건설 현장을 방문할 때마다 내렸던 하사금을 장병들과 사용한 내역이 들려 있었다. 절차에 따라 접견 신청을 하고, 비서실에서 연락이 오기만을 기다리고 있던 전 중령에게 두 사람이 청와대 직원이라며 다가와 면담을 청한다.

"대통령께서 내일 식전(式典)에 참석하실 겁니다."

전 중령은 속으로, 대통령의 일정은 보안 사항이기 때문에 공식적으로 통보하지 않고 비공식적으로 귀띔해 주는 것이라 판단했다.

"알겠습니다. 잘 준비하겠습니다."

"절대로 발설하면 안 됩니다. 당신만 알고 계시오."

그들은 다짐까지 받았다. 다짐은 했지만, 입을 다물 수만은 없는 일이었다. 경호와도 직결되는 중대한 사실을 어떻게 혼자만 알고 있을 수 있겠는가.

몽단이고개 종결식이 열리는 12월 30일은 경부고속도로 두 번째로 수원~오산 구간 개통식이 있는 날이었다. 전영배 중령은 대통령이 그 개통식에 참석하고 돌아가는 길에 몽단이고개 종결식장을 찾을 것이라고 짐작했다. 청와대에서 돌아온 전 중령은 우선 현장 관할 지역인 충청북도지사에게 알리고, 그 밖에 몇몇 관계자들에게도 은밀히 전하면서 준비에 만전을 당부한다.

종결식은 오후 2시부터 시작됐다. 단상에는 인근 시·도의 관료들은 물론 제2군 부사령관을 비롯한 장성들이 자리했다. 행사가 열린 몽단이중학교 교정은 물론 인근 야산에까지 주변에서 몰려온 남녀노소 인파가 들어차 장관을 이루었다.

군악대의 연주가 시작되자, 발붙일 곳 없이 늘어선 군중의 환호는 절정에 달했다. 건설부장관을 대신해 이승우 기획관리실장이 단상에 올라가 장병들의 노고를 치하하는 기념사를 대독했다. 교정과 야산에 운집한 군중들은 몰랐지만, 단상의 귀빈들은 북쪽 하늘을 바라보며 헬리콥터가 날아오기만 눈이 빠지게 기다리고 있었다. 행사 진행요원들도 대통령을 맞을 상황실에 출입 통제 조치를 취해 놓고, 헬리콥터가 날아오면 착륙 지점을 알려주기 위해 신호탄도 준비했다.

기다리던 헬리콥터가 행사장 상공에 나타났다. 헬기 2대가 나란히 비행하는데, 움직임이 이상했다. 착륙해야 할 지점으로 곧장 향하는 것이 아니라, 상공에서 머뭇거리더니 다시 고도를 높여 남쪽으로 날아가는 것이었다. 결국 대통령은 종결식 행사장에 나타나지 않았다.

내막은 이날 밤, 몽단이고개 토목공사에 참여했던 관계자들의 회식 자리에서 밝혀졌다.

"대통령께서 이곳까지 분명히 오긴 오셨었는데 말이야, 수행하던 경호 책임자가 '노!' 했다는 거요. 워낙 많은 군중이 모여 있었거든.

대통령의 고집보다도 경호원이 더 강경했던 모양이지…."

허필은 소장은 그러면서 대통령이 보낸 위로 하사금을 전영배 중령에게 건넸다.

"대신 전해 주라고 하셨네. 고생한 장병들을 위로하는 데 쓰라시면서."

장병들은 하사금으로 어느 정도 위로가 됐겠지만, 인근 시·도에서 만사 제쳐 놓고 달려온 관료들은 섭섭하지 않을 수 없었다. 첩첩산중에 살던 지역 주민들이 눈앞에서 대통령 볼 기회는 그들의 우렁찬 함성 덕분에 날아가고 말았다.

우리나라 고속도로 1호는

인천은 1883년 개항과 함께 새로운 문물이 드나드는 교역 창구 역할을 했다. 동서고금의 사례를 보면 개항은 곧 급성장을 불러왔다. 그런데 어찌된 일인지 인천은 개항 이후 80여 년이 지나도록 크게 성장하지 못했다. 우리나라가 동서고금에 없는 질곡의 역사를 걸어온 탓이었다.

그러던 인천에 변화의 물결이 일렁인다. 제1차 경제개발 5개년계획 초기부터 정부는 인천항이 더욱 커질 경우에 기존 도로만으로는 물류 수송을 감당할 수 없을 것으로 판단한다. 그래서 인천과 서울을 잇는 도로가 필요하다고 판단하고, 1962년 1년간 7차례에 걸쳐 이 지역에 대한 계획조사를 실시한 다음, 1965년 1월 11일 국토종합계획의 일환으로 「서울 인천 특정지역 지정」이라는 제목의 대통령공고 제1호를 내놓는다. 우리나라의 도로 역사상 괄목할 만한 순간이다.

경인고속도로의 타당성 조사는 제2차 경제개발 5개년계획 첫 해인 1967년 4월 27일 시작됐다. 그런데 착공일은 그보다 한 달 이상 앞선 3월 24일이다. 순서가 뒤바뀐 배경에는 말 많고 탈 많았던 정치적·경제적 상황이 있으니 차치하자. 건설부가 발주한 용역계약은 한국종합기술개발공사가 맡았다. 이어 실시설계가 이뤄지는데, 이렇게 해서 꾸며진 결과물이 우리나라 최초의 '고속도로 건설계획 보고서' 가 된다.

이 보고서에는 경인공업지역을 비롯한 서울과 인천의 인구와 경제 상황이 포함돼 있는데, 경제의 핵심을 이루는 인천 지역의 합리적 개발이 시급하다고 적고 있다. 또한 주요 수송로였던 경인선 철도는 1967년 당시 수송량이 차량 용량을 초과했으며, 노선 용량도 1969 년경에 한계에 이를 것으로 판단했다. 국도 6호선과 46호선도 도로 교통용량이 초과될 것으로 예측했다. 결국 이와 같은 증가 추세에 따른 교통난 해결의 최선책은 대량 수송 수단인 도로를 확충해야만 한다고 결론 낸다.

이러한 결과를 토대로 정부는 도시의 경계를 기준으로 3개 공구로 분할해 서울·부천·인천에 각각 용지 매수와 토목공사를 위임하고 총괄 감독은 건설부가 하는 방식으로 사업을 추진한다. 이는 도로 건설과 함께 도로와 접한 지역의 토지구획사업까지 추진하기 위한 조치였다.

인천항과 서울을 잇는 교통 수요를 감당하기 위해 1969년 말에 준공하는 것을 목표로 진행되던 '유료도로 건설사업'은 그 걸음을 재촉해야 할 피치 못할 급박한 상황과 마주한다. 앞서 밝혔듯이, '대국토 건설계획'의 한 노선으로 포함된 것이다. 이러한 사연으로 공사 기간이 1년 앞당겨 경인고속도로는 1968년 12월 21일 경부고속도로 서울~수원 구간과 함께 개통된다.

경인고속도로는 인천 남구 용현동부터 서울 양천구 신월동까지 이어진다. 전체 29.5킬로미터의 대부분은 1968년 12월 21일에 개통됐지만, 당시 자연침하가 진행되던 용현동부터 가좌까지 6킬로미터 구간은 보강공사를 마치고 1969년 7월 21일 뒤늦게 개통된다.

경인고속도로 건설에 들어간 총 사업비는 33억 2,500만 원이었다. 여기에는 아시아개발은행(ADB)에서 들여온 차관 350만 달러가 쓰였다. 완공 후에도 유지 관리 장비 구입, 부대시설 설치 등을 위해 ADB 차관이 추가로 쓰였기 때문에 이를 더하면 631만 달러가 된다. 막대한 차관으로 건설됐지만, 이후 경인고속도로는 인천항과 수도권을 연결함으로써 산업경제에 엄청난 긍정적 효과를 가져왔다.

그럼, 우리나라 고속도로 제1호는 경인고속도로인가?

우리나라에서 처음으로 시작된 고속도로가 경인고속도로라는 점은 분명하다. 하지만 경인고속도로는 단지 '통행료를 받는 도로'라는 개념으로 출발했다가, 이후에 '대국토 건설계획'이 세워지면서 그 중 한 노선으로 포함되었다. 큰대자로 국토 방방곡곡을 사통팔달로 이은 대국토 건설계획의 주축은 엄연히 경부고속도로다. '국가 대동맥'의 꿈은 경부고속도로를 필두로 잉태됐다. 역사성이나 상징성으로 볼 때 고속도로 제1호의 자리는 경부고속도로가 앞선다는 데에는 이견이 없을 듯하다. 그래서 탄생부터 지금까지 우리나라 '고속국도 1호'는 경부고속도로다.

"여기서 죽어도 좋다"

살과 뼈로 닦은 길, 대전공구

"밤도 없고 낮도 없고, 여름도 없고 겨울도 없다."

경부고속도로 건설에 참여한 건설부 공무원, 군에서 나온 장병, 그리고 민간 기술자와 인부들 모두의 고생은 이루 말할 수가 없었다. 24시간 그들의 모든 정력과 심혈을 기울여 공사에 매진했고, 감독관들은 현장에서 노무자들과 침식을 같이했다. 명절도 생일도 없었다. 집에는 한 달에 한 번 갈까 말까 한 정도였다. 부모의 부고를 받고도, 첫아들이 태어나는 순간에도 함께하지 못할 때도 많았다. 오죽하면 박정희 대통령이 공병장교 차출을 지시하면서 미혼자를 조건으로 달았을까.

'자연동물원' 대전공구

경부고속도로 7개 공구 중에서 가장 악명 높은 곳이 대전공구, 충북 청원군 옥산면 국사리 몽단이(夢丹伊)에서 옥천군 청성면 묘금리까지 70킬로미터 구간이었다. 시공 거리가 가장 길고 지형도 가장 험했으며, 공사비도 가장 많이 들어갔다. 대전공구 전체는 1킬로미터당 평균 공사비 1억 2천만 원, 그중 대전~묘금리 구간은 1억 7천만 원으로 다른 공구의 두 배 가까운 예산이 들었다.

옥천군 동이면 금암리 압구정마을부터 당재터널 너머 묘금리 괴골마을까지 8킬로 구간 안에만 금강2교, 금강3교, 금강4교, 당재육교, 당재터널 등 모두 5개의 장대 구조물이 집중돼 있었다. 평균 1.6킬로미터마다 하나씩 거대한 장벽이 늘어선 꼴이다. 이들 5개 장대 구조물의 길이만 1.6킬로미터이니 전체 도로의 20퍼센트가 철근콘크리트 덩어리인 셈이다.

이 구간은 지명부터 흥미로웠다. 행정구역명으로 묘금리(猫金里, 고양이), 그 위에 양저리(兩猪里, 멧돼지), 오른쪽 아래로 우산리(牛山里, 소), 다시 위로 청마리(靑馬里, 말), 지양리(紙羊里, 양)…. 모두 가축 이름이 들어 있다. 자연부락 이름들도 범덩이, 말터, 조령리, 압구정(갈매기), 새재, 황새골 등 길짐승이나 새를 포함한 이름이 많이 있다. 이름만으로도 자연동물원을 방불케 할 지경이다.

"이런 자연계에 인간이 뛰어들었으니 일이 수월할 리가 있겠느냐."

공사를 진행하며 난관에 봉착할 때마다 이런 자조 섞인 말로 위안을 삼아야 했다.

대전공구 공사는 1968년 8월 15일 육군 제1202건설공병단이 몽단이고개에서 첫 발파를 하면서 시작됐다. 나흘 뒤 8월 19일에 몽단이부터 대전까지 40킬로미터의 토공이 첫발을 뗐고, 세밑 12월 31일부터 구조물 공사에 들어갈 수 있었다.

대전공구 공사사무소는 1968년 3월에 충남 대덕군 신탄진에 꾸렸고, 전영배 중령이 소장을 맡았다. 전 중령은 육군종합학교 제10기로, 제1202건공단 219대대장으로 있으면서 경부고속도로와 인연을 맺었다. 천안~대전 구간 준공을 목전에 둔 1969년 10월 16일 아쉬움을 뒤로한 채 경부고속도로 건설현장을 떠나 군으로 복귀하는 바람에, 고속도로 완공 후 훈장을 못 받은 유일한 군인이 됐다.

금강1교

'송봉규 기사 결혼식 참석. 청주에서 열두시에. 김효영 충북지사 주례.'

1968년 11월 17일 일요일, 어느 공사감독의 업무일지다.

기록 속 송봉규 기사는 한양공대 토목과 출신으로, 대전공구 토목기사보로 참여했다. 1964년 9월에 청주의 운천교를 설계·감독한 경험이 있었기 때문에 경부고속도로 건설 현장으로 불려 왔다. 대전공구 금강1교가 착공된 게 그해 12월 말이니, 결혼식을 올린 11월 17일은 한창 설계도를 놓고 씨름할 때다.

"결혼하고 나서도 한 달에 한 번꼴이나 집에 가 봤을까요? 그것도 집에 도착하면 대개 밤 열두 시였습니다."

건설 현장에 파견되는 육사 출신 공병장교들은 전원 미혼으로 선발했지만 송 기사는 민간인이었다. 대전공구 소장 전영배 중령은 "경

(위) 금강4교~당재육교~당재터널 구간 진입로를 개설해 놓은 모습
(가운데) 최대 난공사 구간 중 하나였던 당재육교
(아래) 폭우로 교각이 물에 잠겨 버린 금강4교(금강휴게소 부근) 공사현장

부고속도로 건설 현장에서 일하는 젊은이에게는 어쩌면 결혼할 자격이라는 것이 없었는지도 모른다"고 회고한다.

전영배 중령을 인터뷰한 1969년 6월 30일자 〈건설평론〉 기사가 읽는 이들의 가슴을 뭉클하게 했다.

금강1교는 일전 가설해 놓은 가교가 네 차례나 유실된 바 있어, 이로 인해 지연된 공정 만회에 안간힘을 다하고 있다. 이곳에서 계획 공정을 달성하기 위해 주야가 없고, 휴일이 없는 실례를 기자는 목격한 바 있다.

어느 날 공구소장과의 대담 중에 어느 현장감독이 봉급을 받아서 소장 앞에 와서 사정을 말하는 것이었다. 그는 2개월이 넘도록 집에 가 보지 못했다며, 월급도 탔고 또 내일이 일요일이기도 하니 잠깐만 집에 다녀올 수 있도록 특별휴가를 간청했다. 휴일이니 응당 쉬어야 하겠지만, 공구소장은 허락하지 않았다. '며칠만 더 있으면 그 현장에는 시간 날 기회가 생기니 그때 다녀오도록 하라'는 말을 덧붙여서. 현장감독관이 물러가자 공구소장은 긴 한숨을 내쉬며, '이거 무슨 팔자가 기박해서 부하들을 이렇게까지 고생시켜야 하는가?' 하고 한탄했다. 그 장면을 보았을 때 기자도 뒤따라 눈시울이 뜨거워지는 것을 느꼈다.

송봉규 기사는 토목공학자의 길을 걷고 있던 아버지의 뒤를 이었다. 경부고속도로 금강1교의 상류에 있는 현도교(국도 17호)가 바로 그의 아버지 송병하의 작품이다. 아버지가 놓은 다리와 아들이 놓은 다리가 의좋게 나란히 금강 줄기에 놓인 것이다. 아버지 송병하는 속리산 관광도로, 청주~수안보 국도 등 도로 역사에 많은 족적을 남겼다. 아들이 금강1교 공사에 매달려 있을 때 아버지도 경기도청에 근무하며 도로 건설에 몰두하고 있었다.

"금강1교는 한때 하자 발생 운운하는 보도가 있었지만, 설계에 따라 제대로 시공된 것이라고 말씀드립니다. 한 가지 기억나는 일은, 우물통 공사를 할 때 잠수부와 부딪친 일입니다. 그때 물을 뽑아 내는 일에만 7시간 가까이 걸리더군요. 결과는 암반 미달이었는데, 이후 1미터 정도 더 파 내려가니까 진짜 암반이 나옵디다. 그 후 얼마 동안은 노무자들의 앙갚음에 대비해 감독 숙직실에 몽둥이를 놓고서 잠을 잤어요."

송봉규 기사는 금강1교를 준공한 뒤에 대전육교 재시공 공사에 감독으로 파견된다.

그날 목욕을 나갔더라면

"1월 28일(화). 어젯밤부터 내린 눈과 비로 인해 금강의 물이 불어났다. 대림산업의 최종혁 소장이 오후 두 시 경에 뇌일혈로 졸도해 대전도립병원에 입원했다. 과로 탓인 듯."

"1월 29일(수). 최종혁 소장은 새벽 두 시, 혼수상태에서 깨어나지 못한 채 사망하고, 유해는 열차편으로 상경. 참으로 열성적이고 박력 있는 아까운 인재를 잃다. 인생의 무상함이여."

1969년 1월 전영배 소장의 일기다. 유명을 달리한 최종혁 소장은 대림산업의 대전공구 현장소장이었다. 철도청에서 오랫동안 근무했는데, 교량 공사에 특히 경험이 많은 기술인이었다.

최종혁 소장이 변을 당한 1월 28일은 밤 동안 내리던 눈이 비로 바

꿰어 무섭게 쏟아지고 있었다.

"금강 상류에 물이 불어나고 있습니다!"

아침 일찍 급박한 상황을 알리는 전화가 걸려 왔다. 비상이 걸린 현장에서는 양생 중이던 우물통의 주변을 정비하는 등 이곳저곳에서 북새통이 빚어졌다. 비보가 전해진 것은 이런 와중이었다. 업무 협의를 겸해 신탄진역으로 나갔던 최종혁 소장이 누적된 과로로 뇌일혈로 쓰러졌고, 대전도립병원으로 급히 옮겼지만 고비를 넘기지 못한 것이다.

전영배 소장이 특히 가슴 아파하는 이유가 있었다. 최종혁 소장이 변을 당하기 하루 전인 1월 27일 저녁 무렵 대전공구 사무실로 전 소장을 찾아왔다. 그런데 웬일인지, 업무 협의를 마친 최 소장이 평소에는 하지 않던 사적인 이야기를 털어놓는 것이었다.

"아들이 지금 한양공대 2년에 재학 중인데, 곧 입대하게 될 것 같습니다."

아들 이야기를 시작으로 가족에 관한 여러 이야기들을 이어 갔다. 전영배 소장은 의아했다. 이야기의 내용보다도, 누구보다 과묵했던 사람이 업무 외 화제를 스스로 꺼냈다는 점 때문이었다.

"소장님, 눈도 오고 하니 유성으로 목욕이나 하러 갑시다."

"다음에 기회 봐서 가십시다. 오늘은 비상이 걸린 터이니."

"목욕은 피로 회복에 좋다고 하는데….""

평소의 최 소장답지 않은 느닷없는 목욕 제안을 물리친 일이 전영배 소장을 상심케 했다.

'그날 그냥 군말 없이 받아들였더라면….'

전 소장의 뇌리에는 그날 최 소장이 한 말들이 오랫동안 유언처럼 맴돌았다. 전 소장은 후에 그날의 대화 내용을 편지에 적어 유족에게 전했다.

최종혁 소장의 장례는 대림산업 회사장으로 엄수됐고, 유해는 고향인 충북 영동에 안장됐다. 최 소장이 떠난 날, 전날부터 내린 눈이 고속도로 건설 현장을 하얗게 뒤덮었다.

당재육교

당재육교는 금강 건너, 당시에는 접근 자체가 어렵던 그야말로 심산유곡에 세워진 교량이다. 공사에 앞서 우선 진입로부터 확보해야 했다. 게다가 교량 공사는 장비와 인력뿐만 아니라 골재와 목재도 무진장 들어간다.

고심 끝에, 이웃해 있는 금강4교의 공사용 가교를 함께 쓰기로 결정했다. 하지만 이 가교는 비가 올 때마다 떠내려가기 일쑤였다. 그러기를 10여 차례, 그럴 때마다 당재육교 공사장은 고립됐다.

"공사 초기에는 멀리 영동군 심천면 쪽으로 돌아서 들어가는 형편이었지요. 특히 8월부터는 비만 오면 고립돼서 비가 지긋지긋하게 느껴졌어요. 비상식량 10일분 정도를 항상 비축하고 있었습니다."

현장에서 일한 오의진 기사의 회고다. 오 기사는 수원공구 안성천교 공사에 참여하면서 경부고속도로에 첫발을 딛고 이후 대전공구로 옮겨와, 처음에는 내근을 하다가 1969년 8월부터 당재육교에 투입됐다.

"당재육교의 또 다른 난관은 기초 터파기에 애를 먹인 불량 토질이었습니다."

지금 고속도로에 들어서는 교량들과는 비교할 수는 없지만, 당재 육교는 당시의 기술로는 참으로 대단한 도전이었다. 최대 지상 23미 터 높이에 이르는 교각을 8기나 세워야 했고, 교대도 4기를 설치해야 했기 때문이다. 맨 먼저 하는 작업이 터파기인데, 시도 때도 없이 폭 우가 퍼부으니 파면 메워지고, 또 파면 또 메워지고 하는 과정이 여섯 번이나 반복됐다. 특히 세 번째 교각은 바닥이 진흙이어서 터파기 때 토사 붕괴가 더욱 심했다.

"지하 14미터까지 파 들어간 것도 있는데, 큰 구덩이가 왕창 무너 져서 메워져 버리는 겁니다. 비가 그치고 물이 빠지기를 기다려서 처 음부터 새로 파야만 했습니다. 그 바람에 공정에도 큰 차질이 생길 수밖에 없었죠."

터파기 다음은 확대기초와 말뚝기초 작업이다. 이 '지보공(支保工)' 에는 무주구천동에서 실어 온 전나무가 대량으로 투입됐고, 오의진 기사가 직접 나서야 하는 상황이었다.

"나무를 많이 썼군. 이 많은 나무는 모두 어디서 가져온 건가?"

마침 현장을 보러 온 이한림 장관의 물음에,

"무주구천동에서 실어 왔습니다."

"무주삼천동? 허이! 무주삼천동에서 좋은 나무가 많이 나오는 모 양인데!"

이한림 장관이 엄청난 공사 규모에 놀라 오 기사에게 물은 것인데, 장관이 잘못 들은 것인지 농담으로 그랬는지 문답이 삼천포로 빠져 버렸다.

겨울이 닥쳐왔다. 우기에 지연된 공사 기간을 만회하기 위해 동계 공사를 강행하지 않으면 안 되는 상황이 됐다. 영하의 기온에서 콘크리트를 타설하고 양생하는 일은 말로 표현할 수 없는 고난의 연속이었다. 먼저 비닐·천막·가마니 등으로 콘크리트 구조물의 바깥쪽을 빈틈없이 에워싸고, 보일러 등을 가동해 섭씨 20도 이상으로 온도를 높여 양생했다. 차디찬 한파가 휘몰아치는 한겨울에 당재육교는 그렇게 세워졌다.

"엄청나게 추운 날이 많았습니다. 밤에는 영하 15도까지 내려가서 잠도 못 잘 지경이었어요. 밖에 나가 봤더니 철근이며 콘크리트가 모두 얼음으로 뒤덮여서, 마치 두둑하게 군살이 찐 것처럼 보이더군요."

그러던 어느 날, 사건이 터졌다. 현대건설이 캐나다에서 들여온 히터가 가스 폭발로 불타 버린 것이다. 야간 불침번을 서던 경비원이 추위에 못 이겨 방풍 시설을 해 놓은 천막에 들어갔을 때 벌어진 일이다.

"경비원들이 히터 조정원에게 연락하기가 귀찮았던지, 자기들이 그걸 가동해 보려고 성냥불을 그어 댄 거예요. 가스가 새어 나와 있을 줄은 몰랐겠죠. 다행히 인명 피해는 없었지만, 불이 삽시간에 번져서 양생 설비를 홀랑 태워 버리고 히터도 타 버렸습니다."

콘크리트가 모두 못쓰게 된 것은 당연했다. 현대건설의 현장 책임자가 윗사람에게 혼쭐이 났지만, 그게 문제가 아니었다. 타설한 콘크리트를 모조리 깨어 내고 처음부터 다시 시공을 해야만 했으니, 물량 손실만도 만만치 않았던 것이다.

서울부산간고속도로 건설공사사무소 본부는 당재육교를 1969년

5월 20일까지 완공하라는 지시를 내렸다.

"안 될 것 같은데…. 6월 초? 그것도 빠듯한데…."

당재육교 현장에 내려와 있던 본부 관리관이 다그쳤지만, 오의진 기사는 아무리 서둘러도 그건 무리라는 생각이 들었다. 하지만 본부 관리관은 낮에는 잠자고 밤에는 현장 곳곳을 돌아다니며, 감독들이 제대로 작업을 독려하고 있는지 체크했다.

"감독도 사람인데, 그때 어지간히 시달렸지요."

당재육교는 지시보다 하루 늦은 5월 21일, 우산리 심산유곡에 멋들어진 위용으로 완공됐다.

대전육교 붕괴

"한국에는 산이 많던데, 그러면 발전을 못 합니다."

박정희 대통령이 서독을 방문했을 때 에르하르트가 한 충고다. 우리나라는 국토의 70퍼센트 이상이 산지이고, 그 골짜기를 따라서는 강이 흐른다.

"우리나라가 오늘날 경제가 나날이 성장하고 있기는 하지만, 우리 조상들이 만든 소위 한양 천 리 길, 옛날 꼬불꼬불한 길이라든지, 일본 사람들이 만든 소위 옛날의 국도를 가지고서는 우리나라의 산업이 급속히 발전할 수가 없는 것입니다."

대통령은 고속도로 건설 계획을 발표하며 이렇게 말했다. 국가 재건을 위해서는 산업화가 절실한 상황이었고, 그 길을 가로막고 선 장애물을 걷어 내는 것은 필수불가결한 숙제였다.

"산이 막으면 터널을 뚫고, 강이 막으면 다리를 놓는다!"

강한 의지로 맞서면 된다는 각오였지만, 곳곳에 버티고 서 있는 장애물들은 결코 만만하지 않았다.

"다리가 무너졌습니다!"

1969년 8월 22일, 청천벽력 같은 소리가 터져 나왔다. 아치형대로 세우고 있던 대전육교의 건조물 일부가 무너져 내린 것이다. 이 사고는 사망 3명, 중·경상자 30명이라는 막대한 피해를 불렀다.

대전육교는 당재육교와 함께 '자연과 어울리는 경관'을 강조하며 야심적으로 도전한 공사였기 때문에 충격은 더욱 컸다. 피해가 막대했던 만큼 시공 회사는 물론 건설부 관계자들도 모두 현장으로 달려갔다. 대전지검이 수사에 들어갔다.

8월 22일(금), 23일(토). 오산육교 등의 사고로 최근 며칠 마음 아팠으나 참아 왔다. 머리 손질이나 오랜만에 해보려던 참에 대전육교 가설 트러스의 붕괴, 30여 명의 중경상, 진퇴양난의 처지에 몰렸다. 본부 부소장이 오셨으나 속수무책. 우선 진상 보고를 하고 보니 또 부상자 중에서 사망자까지 발생, 점점 사태는 악화. 아무리 사태가 악화돼도 일은 중단할 수 없다. 오후에는 본부 허필은 소장, 송한섭 기술과장이 내려오셨다. 현장을 살펴보시다. 저녁에는 사후 대책을 강구하기 위해 대전지검 박인수 검사, 임대영 경찰서장을 만났다.

대전공구 전영배 소장의 당시 일기다.

사고 다음 날인 8월 24일, 전 소장은 이른 아침부터 현장 순시에 나선다. 대전IC부터 천안까지 살펴보고 돌아온 그는 각 곳에서 사투를 벌이는 부하 직원들을 생각하며 남몰래 눈물을 흘렸다.

누가 무슨 소리를 하든, 중단할 수 없고 쉴 수 없다. 오직 전진뿐이다. 사고는 엄청나지만, 그렇다고 일을 중단할 수는 없었다. 건설 현장을 하나의 싸움터에 비길진대, 이른바 실패는 병가지상사라는 전법은 이곳에서도 그대로 통할 수 있지 않을까.

충격이 컸지만, 마음을 더욱 굳게 다진다.

복구 작업을 지원하라는 명령을 받고 건설부에서 김성남 기좌가 현장에 도착했다.

"지금은 책임 소재를 따지는 데 소비할 시간이 없습니다. 누구의 잘못으로 인한 사고냐를 따지느니보다는, 어디가 잘못됐는가를 가리는 일이 더욱 급합니다."

하루빨리 재시공을 서둘러야 한다는 의견을 낸 김 기좌는, 이후 중파된 기술진들과 함께 사고 원인을 찾는 일에 매진한다. 모아진 의견은 트러스 부재의 응력 계산에 착오가 있었던 것 같으니 횡하중을 고려해 대경구를 설치해야 하며, 콘크리트 타설 시의 가상 결함에 대비해 철탑이나 전주목 따위를 써서 지주를 보강해야 한다는 것 등이었다.

11월 들어 대전육교 건설 현장에 인력이 보강됐다. 겨울이 눈앞에 다가와 있었지만, 사고로 인한 공정 차질을 극복하려면 동계 공사의 강행이 불가피했다. 전영배 소장은 당시의 상황을 이렇게 전한다.

"한중(寒中)콘크리트를 실시하는 수밖에 없었습니다. 하루에 30세

제곱미터 정도 타설했을 겁니다. 문제는 양생인데, 영하 15도까지도 곧잘 내려가는 추운 겨울에 사람의 손발이 얼어서 터지는 것은 참으면 되겠지만, 타설한 콘크리트가 얼어 터지면 그건 정말 큰일입니다. 섭씨 50~60도로 가열한 물로 시멘트와 골재를 섞어 타설하고, 양생 온도는 15~20도의 상온을 유지하고, 하루 평균 300명의 인원을 동원했습니다. 많을 때는 500명에 이르기도 했어요. 물론 낮과 밤이 없는 돌관(突貫) 작업이었습니다."

사고의 여파가 채 가시기도 전에, 설상가상으로 동발공 목수가 비계에서 떨어져 목숨을 잃는 사고가 발생한다. 전영배 소장은 이 사고에, 현장을 지휘 통솔하는 소장으로서가 아니라 같은 길을 걷는 동료로서 죄의식마저 느꼈다.

"비계에 마침 귀신이 붙어 있었다고나 할까요. 내가 그 직전에 바로 그 비계를 오르려다가 어쩐지 불길한 예감이 들어서 그 옆의 언덕으로 기어 올라갔습니다. 그런데 뒤에서 비명소리가 납디다. 나 대신 그 목수가 변을 당한 것만 같았습니다."

당재터널

당재터널은 경부고속도로 건설 역사에서 빼놓을 수 없는 전설의 난공사 현장이었다.

힘차게 뻗어 내려오는 소백산맥 줄기를 유유히 흐르는 금강이 가로막아 서면서 생긴 계곡에 당재터널은 들어섰다. 고속도로가 생기기 전 그 주변은 우마차도 지나갈 수 없는 산비탈이었다. 그래서 노선 측량에 나선 사람들은 금강 줄기를 따라 당재터널 자리까지 걸어서 가야만 했다.

"500미터짜리 무지무지하게 긴 터널이었죠."

심완식 대위는 현장감독을 맡으면서 '해낼 수 있을까?' 하는 의문이 숱하게 들었다고 한다. 500미터라면 지금이야 동네 터널 수준이지만, 그때는 우리나라 기술 수준이 사실상 제로였기 때문이다. 그나마 있는 기술자도 수준은 기술자라기보다 숙련공에 가까웠다. 일본인이나 미군들한테 눈대중으로 배운 기술을 떠올리며 작업하던 시절이었다.

설상가상으로 당재터널 구간은 암반 사이에 무른 흙이 층층마다 섞여 있어서 지질이 너무 나빴다. 마땅한 장비도 없어서 콤프레서로 드릴을 작동시켜 구멍을 뚫어야만 했다. 그 구멍에 화약을 넣어 폭파하고, 돌조각을 긁어내고, 거푸집을 설치하고 콘크리트를 타설하고 양생하면서 조금씩 조금씩 전진하는 수밖에 없었다.

"하루 종일 작업해서 고작 30센티미터를 가까스로 뚫고 보니, 까닭 모를 서러움이 북받쳐 오르는 거예요. 그날 바위벽을 붙들고 울었어요."

당재터널을 담당한 심완식 대위의 회고처럼, '과연 할 수 있을까?' 하는 의문을 자아내는 현장들이 많았다. 어느 터널 현장에서는 무려 열세 번의 낙반 사고가 발생하기도 했다. 현장에 있는 모두가 달려들어 무너진 터널을 파헤치고 넘어진 축대를 세우고…. 그런 사투에도 하루에 뚫어 내는 거리가 1미터도 안 되는 곳도 있었다.

"바위에 3미터, 5미터마다 구멍을 뚫어 폭약을 넣고 발파합니다. 돌조각이 와장창 떨어져 나오면 페이로더로 긁어내 차에 싣고 나오고…. 석탄 광산에서 하는 그런 재래식 공법으로 했어요."

바위를 뚫었다고 해서 끝난 게 아니다. 지금처럼 거대한 중장비가 동시에 뚫고 확장하면서 거침없이 밀고 나가는 모습을 상상하면 안 된다. 요즘의 유압식 불도저는 바위도 거뜬히 뚫어 내지만, 당시의 불도저는 힘이 약해서 장애물을 밀어내는 기능밖에 수행하지 못했다. 그마저도 감지덕지였다.

"정 사장이 현장에 나와서 직접 감독해 줘야겠소!"

아무리 따져 봐도 공기를 맞추기 어렵다고 판단한 이한림 건설부 장관이 현대건설 정주영 사장에게 불호령을 내려 재촉한다. 그때부터 정주영 사장도 당재터널 공사 현장에 천막을 치고 상주했다. 그러니 시공 업체 감독도, 인부들도 편안할 수 없었다.

"다른 공구는 거의 끝나 가는데, 시멘트가 안 굳으니… 방법을 찾아봅시다!"

심완식 대위는 마음이 급해진다. 아무리 계산해도 힘들다는 생각이 들었기 때문이었다. 그래서 찾아낸 방법이 '조강 시멘트'였다. 일반 시멘트는 양생에 일주일이 걸리는데 조강 시멘트는 단 이틀이면 양생이 완료되니 그제야 작업에 속도가 붙었다. 완성된 틀에서 거푸집을 빼내 다른 쪽에 메우고, 또 다른 쪽을 폭파해서 들어가고…. 그렇게 처절한 사투를 벌인 결과 멀고도 먼 질곡의 터널을 벗어날 수 있었다.

"당신은 어떻게 그리 사람 조지는 재주가 능하오?"

당재터널이 개통되던 날, 현대건설 정주영 사장이 감독을 맡았던 심완식 대위에게 한 말이다.

당재터널 완공의 이면에는 건설 현장 인부들의 남다른 희생, 현장 감독 심완식 대위의 강단, 시공 회사 책임자인 정주영 사장의 현장 지휘, 건설부 수장 이한림 장관의 돌관 외에, 대통령의 '특별한 관심'이 있었다.

당재터널 건설 현장에서는 하루가 멀다 하고 헬기가 내리고 떴다. 대통령이 일주일에 한 번꼴로 찾아오고, 이한림 장관도 그에 못지않았다. 고속도로 건설 현장 어디라고 덜하지 않았겠지만 대통령의 마음속에는 특히나 당재터널이 깊이 새겨져 있었다. 건설 진행 현황 브리핑을 이한림 장관이 직접 할 정도였다.

스님·대학생들까지 삽을 들고

경부고속도로 건설은 출발부터 고난이었지만, 한 발 두 발 내딛는 발걸음마다 다 질곡이었다. 부정적인 여론의 벽도 높았다. 국내에서만이 아니라 외국인의 눈에도 '코리아의 하이웨이'는 일종의 모험으로 비춰졌으며, 심지어는 도로 건설의 주무부인 건설부 안에서조차 회의론이 완전히 불식되지 않고 있었다.

서울에서 부산까지 428킬로미터에 4차선 고속도로를 건설하자고 국회에 제의했을 때, 많은 국회의원들이 들고일어났다. 심지어는 여당인 공화당 소속 의원들까지도 반대하는 입장을 취했다. 우리나라 현실에서 고속도로는 시기상조라는 주장이었다. 경제가 파탄 날 것이라고 악담을 퍼붓는 의원도 있었다.

그런데 어느 순간부터 고속도로를 바라보는 눈이 조금씩 우호적으로 달라지는 것이 느껴졌다. 자본, 기술, 장비 어느 하나 변변치 않아 지게작대기 하나도 아쉽던 건설 현장에 따뜻한 손길들이 다가오기 시작했다.

1969년 2월 14일, 대한불교조계종 스님들이 주원 건설부장관을 찾아왔다. 스님들의 예고 없는 방문에 주 장관을 비롯한 고속도로 건설 관계자들은 바짝 긴장했다. 고속도로 건설에 반대하는 여론이 비등하던 때라 항의 방문쯤으로 생각한 것이다.

"예로부터 국가 비상시에는 승군이 나라를 구하기 위해 활약을 했습니다. 고속도로가 뚫려 나가는 것을 보고 우리도 현실 참여의 필요성을 절실히 느꼈습니다."

스님들은 고속도로 건설이라는 국가 사업에 적극 협력하고자 한다는 불교계의 뜻을 전달하기 위해 찾아온 것이었다.

"감사합니다. 여러 스님들께서 그렇게 생각해 주신다니, 저희로서는 여간 마음 든든하지 않습니다."

주원 장관이 반색을 하며 스님들에게 감사의 예를 표했다.

"우리는 정신적인 협조만으로 만족하려는 것이 아닙니다."

이어진 제안은 놀라운 것이었다. 연장을 들고 일터로 나서겠다며, 무슨 일거리든지 맡겨 달라는 것이었다.

"참으로 감사합니다. 그렇게까지 말씀하시니, 저희 쪽에서도 스님들의 호의에 부응할 만한 방법을 강구해 보겠습니다."

스님들은 떠나면서 헌금이라면서 주원 장관 앞에 봉투를 내놓았다.

"약소합니다만 저희들의 성의입니다. 받아 주십시오."

봉투에는 시주받은 돈을 모은 듯, 꼬깃꼬깃 접혀진 10원짜리와 100원짜리 지폐도 많이 섞여 있었다. 감동한 주원 장관의 제의로 스님들은 건설부가 제공한 차편으로 서울~수원 구간을 답사하고, 고속도로의 부분 개통을 경축하는 기도를 올렸다.

1969년 8월 5일, 국회 건설위원회 최지환 위원장과 이현재 의원이 김원기 건설부 차관의 안내로 천안공구 현장을 시찰한다. 이들의 눈앞에 펼쳐진 광경은 너무도 아름다웠다. 전국 37개 대학교의 학생들로 구성된 '전국청년연합봉사대원' 250여 명이 고운 손에 흙을 묻히며 일을 하고 있었던 것이다.

대학생들은 7월 26일부터 준공을 위해 마무리 작업을 하고 있는 천안공구에 찾아와 잔디 입히기, 배수로 정리 등 사람의 손으로 해야되는 작업을 맡았다. 이들은 인근에 야영장까지 설치하고 숙식도 스스로 해결하면서 일손을 덜어 주었다.

"공부나 하던 학생들이 하면 얼마나 하겠어."

처음엔 건설공사사무소나 시공 업자들도 대학생들이 썩 미덥지 않았다. 행여 사고라도 나면 어쩌나 하고 학생들을 받기를 망설인 것도 사실이다. 그러나 막상 학생들에게 삽을 쥐어 주고 나서 업자들은 깜짝 놀랐다. 자원해서 온 그들은 몸을 아낄 줄 몰랐던 것이다.

'여기 조국의 혈맥 속에 땀 흘린 젊음의 합창이 있다'

공사가 끝난 뒤에 건설부는 안성인터체인지 서울 방향 육교 밑에 대학생들의 공로를 기리는 기념비를 세웠다.

"강우는 건설·농림 두 장관이 조절하시오"

1969년 6월 9일, 정일권 국무총리가 청주인터체인지 공사 현장을 예고 없이 방문한다. 박경원 내무, 조시형 농림, 이석제 총무처장관과 관할 충북도지사가 수행했다. 정 총리가 경부고속도로 건설 현장에 모습을 나타낸 것은 1968년 4월 3일 오산~대전 구간 기공식에 이어 두 번째로, 드문 일이었다.

"경부고속도로는 곧 박정희 대통령이다."

당시 모든 관료의 시각이 이랬으니, 정일권 총리는 대통령을 돋보이게 하기 위해서 자신은 현장 찾기를 자제했을지도 모른다고 관계자들은 말한다.

총리의 이날 공식 일정은 충북도에서 도정 브리핑을 듣고, 청원군의 잠업단지와 농수원 개발 현황 등을 둘러보는 것이었다. 정해식 충북지사가 도정을 보고하면서, 충북도의 계획 사업에 대한 정부의 보조 문제와 함께 청주시와 고속도로를 잇는 진입로를 확장할 것을 건의한다. 어쩌면 고속도로 말이 나온 김에 일정에도 없었던 청주인터체인지 시찰을 나온 것일 수도 있다.

총리 일행이 현장에 도착한 시간은 오후 5시 40분경이어서 머물 수 있는 시간이 길지 않아, 대전공구 전영배 소장을 비롯한 관계자들이 현장에서 대기하고 있다가 빠른 속도로 현황을 설명하는 정도로 준비했다.

"비가 한번 오면 삼사 일씩 토공을 못 하게 된다니 큰일이로군."

"그렇습니다. 비가 20밀리미터만 와도 4~5일씩 공사를 못합니다. 그러나 구조물 공사는 꾸준히 계속하고 있습니다. 다만, 금강에 건설하고 있는 장대교량들은 수위 관계로 지장이 많습니다. 비가 80밀리쯤 오면 금강의 수위가 4미터가량 치솟아 오릅니다."

정일권 총리는 고개를 끄덕이더니, 뒤에 서 있는 조시형 농림부장관을 돌아보며

"식량 증산을 위해서는 비가 많이 와야겠지만, 고속도로 건설에는 비가 금물이니 어떡하면 좋겠소?"

질문 같지 않은 질문에 조시형 장관도 얼떨결에 하나 마나 한 답변을 내놓는다.

"그래서 큰일입니다."

"건설부장관과 농림부장관이 잘 협의해서 강우를 조절토록 해 보시오."

바짝 긴장해 있던 수행원들도 폭소를 터뜨리게 한 이 일화가 당시 여러 신문에도 보도돼 읽는 이들을 유쾌하게 했다.

"건설부 초청으로 월남(베트남)에서 건설부 차관과 도로국장이 왔습니다."

1969년 6월 19일 이른 아침. 건설공사사무소 본부에서 대전공구 사무실로 전화가 걸려 왔다. 건설부가 초청했다는 말은 그들에게 우리나라의 건설 현장을 보여 주겠다는 뜻이었고, 당시에 보여 줄 수

(위) 접근이 어려운 현장에서
는 뗏목으로 인부와 자재를
실어나르기도 했다.

(가운데, 아래) 공사 현장으로
진입하는 도로가 홍수로 끊겨
애를 먹기도 했다.

있는 변변한 건설 현장이라면 경부고속도로밖에 없었다.

"이분들은 앞으로 닷새 동안 우리나라에 머물면서 월남의 전후 복구 문제에 관해 의견을 나누고, 이전에 한국인 업자에게 낙찰된 미투언(My Thuan)의 장대교량 공사에 대해서도 협의할 예정입니다."

"한국인 업자라면, 대림산업 말입니까?"

"그렇습니다. 앞으로 우리는 월남의 복구 사업에 많이 참여해야 되는데, 그러기 위해서는 우리나라의 건설 상황을 여러 모로 소개하고 알릴 필요가 있겠어요."

"그분들이 시찰할 곳이 주로 어디입니까?"

"고속도로하고 울산공업단지하고, 이외에도 몇몇 곳을 더 둘러보게 됩니다. 대전공구에서는 금강교 현장이 좋을 듯합니다."

"그렇군요. 금강1교는 대림산업이 시공하고 있으니까요. 바로 준비하겠습니다."

"수고 좀 해 주세요. … 그런데 말입니다…."

건설부 담당자가 아직 할 말이 남아 있다는 듯 전화를 끊지 않고 뜸을 들인다.

"… 군이 부탁을 안 해도 알아서 해 주시겠지만…."

"네? … 말씀하시죠."

"오늘 오전 10시경에 그분들이 현장에 도착할 텐데, 브리핑 좀 잘 해 주세요. 거짓말을 좀 섞어서라도."

전화를 받는 전영배 대전공구소장은 상대의 사정을 얼른 알아들었다.

"대대적으로 선전을 하라는 말씀이죠? 잘 알겠습니다."

베트남에서 온 관료들은 10시 정각에 금강교 공사 현장에 나타났다. 허필은 소장이 안내차 동행했다. 통역은 맹호부대 1진으로 베트남에 다녀온 심완식 대위가 맡았다. 그는 대전공구 증약~묘금리 구간 감독관으로 있었다.

베트남 건설부 차관과 도로국장을 비롯한 손님들은 더운 나라에서 와서 그런지 초여름 날씨에 정장 차림으로도 아무렇지도 않은 모양인데, 역시 정장을 하고 있던 허필은 소장은 못 견디겠는지 윗저고리를 벗어 손등에 걸쳤다.

"홈나이 맛꽈(오늘 날씨 시원하지요)!"

브리핑은 영어로 진행하기로 사전에 약속돼 있었지만, 수완이 좋고 재치가 넘치는 심 대위가 베트남어 인사말로 서두를 꺼내는 바람에 일동을 웃겼다. 덕분에 시작부터 분위기가 좋아졌다.

"이곳 금강교는 서울부터 부산까지 이어지는 428킬로미터의 경부고속도로 구간 중에서 가장…."

가장, 최고, 최대를 남발하며 이어지는 전영배 소장의 허풍 듬뿍 섞은 브리핑에, 자리에 함께한 대림산업 현장 기술자들의 얼굴도 활짝 피었다. 베트남 시찰단은 금강1교 외에 서울·천안·대전·낙동강 등을 두루 살펴보고 나서 매우 흡족해 돌아갔다.

자연과 인간의 한판 대결, 낙동강교

"낙동강교냐 당재터널이냐."

경부고속도로 건설 공사가 막바지에 이를 무렵 건설부에서 오간 말이다. 곤욕을 치르고 있기는 낙동강교 건설 공사도 결코 만만치 않았다는 말이다.

낙동강교는 우리나라에서 처음으로 상부공을 플레이트 거더로 시공한 교량이다. 2,900톤에 달하는 강재를 공기 안에 시공해야 할 흥화공작소나 건설공사사무소나 긴장하기는 마찬가지였다. 공사 기간은 1969년 12월 31일부터 1970년 5월 30일까지 5개월이었다.

사상 최장, 최대의 다리

2,900톤이나 되는 강판 자재는 오스트리아에서 도입했다. 이 많은 강재를 서울 영등포에 있는 흥화공작소의 공장에서 설계·제작·조립한 후, 네 토막씩으로 해체해 철도로 왜관역까지 운반한 다음, 다시 육로로 현장까지 운반한 뒤 재조립해 교각 위에 가설했다. 이런 과정으로 진행되는 공사 현장은 손에 땀을 쥐게 하는 곡예장과도 같았다.

한 토막의 무게만도 10톤이 넘는 스틸 거더는 운송 과정에서부터 난관투성이였다. 호송은 현역 장교 감독들을 파견해 맡겼다. 왜관역부터 현장까지 협소한 시골길을 먼저 보수한 다음에 대형 트레일러로 실어 날랐는데, 길이가 엄청났기 때문에 수시로 장애물에 부딪쳤다.

운송하고 나도 어려움은 계속됐다. 철도로 실어 오는 동안에 스틸 거더의 조립 순서가 뒤바뀌는 수가 종종 있었기 때문이다. 거더가 A, B, C, D 순서대로 실려 오는 것이 아니라, 화차 배정에 따라 뒤죽박죽이 되는 것이다. 그렇다고 다음에 조립할 강판이 도착할 때까지 기다리고 있기에는 공기가 촉박했다.

당시 시공 회사의 중역으로서 현장에 상주했던 흥화공작소 김홍식 상무의 증언을 보면, 낙동강교 건설 현장의 급박하고 처절했던 상황이 그대로 읽혀진다.

"강판에 새로 구멍을 뚫고 두들겨 맞추면 될 것이 아닌가. 어떻게든 일이 되도록 만들어 보시오."

감독의 성화가 빗발쳤다. 안 되는 것은 아니었다. 구멍을 뚫거나 넓히는 기구인 '리머'가 있으면 가능했다.

"강판이 강판인지라, 리머 한 개로 구멍을 서른 개쯤 뚫으면 닳아 빠져서 못쓰게 됩니다. 보통 철판과는 다르기 때문에 도리 없었어요. 결국 일본 제품을 사서 쓸 수밖에 없었는데, 그것도 주문해 놓고 마냥 기다릴 형편이 못 돼서…."

사정이 다급했기 때문에 누구는 주일 대사관에 연락하고, 누구는 직접 가지러 일본으로 건너가고, 비상책이 모두 동원됐다.

플레이트 거더는 총 256본이었다. 왜관역으로 245본, 고목역으로 11본이 실려 왔다. 크레인 두 대를 가동해 거더 1본을 평균 높이 15미터의 교각 위로 들어올린 다음, 발판 위에서 가조립하고 리베팅한다. 여느 공사 같았으면 크레인 두 대로 거더를 끌어올리면서 차례차례 조립해 나가면 되지만, 공기 막바지에 몰리면서는 그럴 수도 없었다. 전국에 흩어져 있는 25톤짜리 크레인 여덟 대가 낙동강교로 몰려온 적도 있었다. 이 많은 장비를 가동시키자면 기술자의 수도 늘려야 했다.

"감독 측의 성화가 무서웠어요. 사람을 더 써라! 장비를 더 동원해

(위) 당재육교와 더불어 손꼽히는 난공사 구간 중 하나였던 낙동강교는 국내 최초로 상부공을 플레이트 거더로 시공한 교량이다.

(아래) 아치형대 구조물 일부가 무너져 사망 1명, 중경상 16명의 피해를 낸 대전육교의 개통 직후 모습. 당재육교와 함께 '자연과 어울리는 경관'을 강조한 대전육교는 당시의 토목기술을 보여주는 가치를 인정받아 국가등록문화재로 등록됐다.

라! 독촉이 심했지요."

시공 업체들이 사람 더 쓰고 장비 더 쓰는 추가 비용을 반영해 주겠느냐고 항변하는 일이 비일비재했다. 확약이 없다고 해서 안 하고 배길 수도 없는 형편이었다. 특수기능공인 리벳공과 비계공을 최대한으로 소집해 주야 3교대로 작업을 강행했다.

"하루에 비계공 70명, 리벳공 20명이 동원돼 전쟁을 치르기를 꼬박 한 달 동안 했습니다."

월 평균 800톤의 강재를 소화한, 당시로는 전례 없는 시공 속도였다.

크레인으로 끌어올리는 스틸 거더는 중량 장물이다. 평균 15미터 높이의 교각에 장물이 놓이는 낙동강 700리의 강바람은 무지막지했다. 청명한 날씨에도 중량 장물은 공중에서 흔들흔들 춤췄다. 사고가 따르지 않을 수 없었다.

"상류 쪽에 많은 비가 쏟아졌다는 보고가 들어왔습니다. 부랴부랴 시추를 서두르는 판인데, 예상보다 빨리 홍수가 공사 현장으로 밀어닥쳤어요. 밤중에 별안간 폭탄 터지는 소리가 나지 않겠습니까. 혼비백산해 뛰쳐나가 보니 거더 한 개가 뚝 떨어져 내리더군요. 떨어진 그 거더를 왜관읍으로 끌고 나가서 수리해 오느라고 부산을 떨긴 했지만, 그나마 인명 피해가 없었던 게 불행중다행이었습니다. 비와 홍수 때문에 공사를 못 한 날이 참 많았습니다."

상황이 급박하게 돌아가자 건설공사사무소는 김홍식 상무에게 현장에 상주하라는 지시를 내렸다.

"그 덕에 대통령을 만나 뵌 일도 있죠. 이한림 장관도 함께였습니다. 점심을 먹고 있는데, 난데없이 헬기 한 대가 현장에 내려앉지 않겠습니까. 박준규 소장은 마침 사무실에 없었습니다. 점심 먹다 뛰어 나가서 급한 대로 내가 공정 브리핑을 했습니다."

이후 기판 철근 조립, 슬랩 콘크리트 타설, 교면 포장, 접속도로 시공 순으로 진척된 어느 공정 하나 D데이의 압박에서 자유롭지 못했고, 주야 돌관 작업으로 이루어지지 않은 것이 없었다.

낙동강교는 1970년 5월 20일 경북 왜관읍 동북방에 그 위용을 드러냈다. 당시까지 우리나라 최장, 최대 교량이었다.

공부하는 대통령

앞서 1969년 1월 30일. 시공 업체 책임자들이 한자리에 모였다. 박정희 대통령은 주요 지점과 구조물마다 "어느 지점의 어떤 구조물은 어느 회사의 시공입니까?" 하며 차례차례 짚어 나가고 있었다.

"낙동강교, 거기는 누가 하죠?"

"저희 협화실업이 하고 있습니다!"

김영필 사장은 '차례가 돼 가는구나' 하고 마음의 준비를 하고 있었기 때문에 바로 대답했다.

"여름엔 물이 무서워. 조심해서 하시오."

"예, 명심해서 하겠습니다."

사실 김영필 사장은 고속도로라는 사상 초유의 거대 국가 사업을 대통령이 이렇다 할 공부나 준비도 없이 마치 개인 사업 하듯 밀어붙이는 것이 아닌가 불안한 눈으로 바라보고 있었다. 그러나 회의에서 처음 직접 만나 본 대통령의 모습은 달랐다. 토목건설 분야에 평생을 몸담아 온 김 사장이 특히 놀란 것은 대통령의 '공부하는 자세'와 그 덕분에 쌓아 온 전문지식이었다.

"대통령은 담당 시공 업체의 사장들조차 잘 알지 못하는 건설 현장의 여러 사정을 속속들이 알고 있었습니다. 대화를 나누면서 시공 업체 사장들이 오히려 당황할 때가 많았죠. 또 사업이란 돈이 드는 것이지만, 돈만 가지고 일이 되는 것은 아니지 않습니까. 대통령은 예산만 조달해 주는 것이 아니라 직접 '현장소장'이 돼서 동분서주 뛰어다닌 분입니다."

아주 짧은 문답 뒤에 김영필 사장은 많은 생각을 했다. 그동안 경부고속도로 건설 현장에서 나도는 소문만 듣고 김 사장은 대통령을 '미운 시어머니'일 것이라 짐작하고 있었다. 그러나 이날 대통령이 보여 준 모습은 '자상한 어머니' 그 자체였다.

'낙동강교를 뛰어난 걸작으로 완성해서 대통령을 놀라게 해 주겠다!'

이날 이후 김영필 사장은 남다른 의욕으로 불탄다. 그가 낙동강교 건설에 쏟은 정성을 말해 주는 것이, 겨울철에 우물통을 시공하면서 '한중콘크리트'를 타설한 것이다. 그것도 왜관공구 사무소의 지시에 따른 것이 아니고 김 사장이 자발적으로 추진했다는 데서 그의 진정성이 오롯이 읽혀진다.

대구~부산 구간 122.8킬로미터를 시주하는 박정희 대통령(1969. 12. 29)

태풍이 할퀸 신부화장, 왜관공구

경부고속도로 왜관공구 건설공사는 낙동강교를 제외하고 1970년 6월 30일로 완료됐다. 시공 업자 측에서 투입했던 인원과 장비도 철수하기 시작했고, 공구사무소에서는 노면 청소 등을 하면서 개통식 날짜가 발표되기만을 기다리고 있었다.

6월 중순부터 비가 내리더니 장마철로 접어들며 거센 비바람이 몰아쳤다. 하지만 6월 말까지 낙동강 수계는 걱정할 만큼 심각한 상황은 아니었고, 장마철 공사는 이전에도 해 봤기 때문에 현장 사람들 모두 침착하게 맡은 일에 열중하며 대비해 나갔다.

그런데 불청객이 찾아든다. 6월 29일 발생한 제2호 태풍 '올가'가 점점 북상해 7월 초에 영동 지방을 강타하면서 집중호우가 쏟아졌다. 강릉 지역 하루 강우량이 206밀리미터에 달했고, 영남 지방에도 사흘 동안 260밀리미터의 비가 퍼부었다. 경북 성주군에서는 20분 동안이나 우박이 쏟아지기도 했다.

"대한전척의 현장사무소가 있던 팔당동 근처에 산사태가 일어나 10여 명의 인명 피해가 발생했습니다!"

낙동강에 대홍수가 일어난 것이다. 큰물이 휩쓸자, 전압공사 직후여서 덜 굳은 상태였던 비탈면이 뭉텅뭉텅 잘려 내려갔다. 노견(갓길)도 녹아내리듯 떨어져 나가서 주행선만 남는 처참한 몰골이 되고 말았다. 팔달교 상류 부분이 특히 피해가 심했다.

"신부화장 하듯 말쑥하게 다듬어 놓은 고속도로가 물속에 잠겨 버렸으니 어쩝니까."

밀려온 물줄기는 낙동강교 부근 절개부에서부터 대구 불노동까지 10여 킬로미터의 구간을 폐허로 만들었다. 다행히 고속도로가 완전히 잠기지는 않았지만, 노견 50센티 가까이까지 물이 차올랐다.

"평소에 무척 진중한 성격인 장철환 공사과장은 쏟아지는 빗속에서 아스팔트 위에 드러누워서 다이크의 파손 부분을 어깨로 막고 있었답니다. 다급한 판에 당장 어떡해야 좋을지 몰랐던 것이죠. 파손 부분으로 빗물이 몰려 쏟아져 내려가기라도 하면, 비탈면마저 녹아내릴 판이었습니다."

왜관공구 사무소 박준규 소장의 회고다. 다음 날 박 소장은 건설공사사무소 한유록 소장에게 장거리 전화를 걸었다. 격앙된 목소리로 피해 상황을 보고하고,

"이 모양이 된 고속도로를 어떻게 국민 앞에 선보이겠습니까? 이유야 어떻든 말입니다."

"무슨 소리를 하는 거야! 파괴된 것은 복구할 뿐이야!"

"복구하란 말입니까? 비는 줄곧 쏟아지고 물은 빠지지 않습니다! 속수무책입니다!"

전화를 끊은 박준규 소장의 머리는 복잡해졌다. 양어깨에 감당할 수 없는 무게가 느껴졌다. 어떻게 복구할지 전전긍긍하는 그 순간에도 폭우는 굉음을 내며 쏟아졌다.

사방이 칠흑 같은 새벽 두 시, 절망감에 휩싸인 박준규 소장은 아무도 모르게 혼자서 낙동강으로 지프를 몰았다. 어린 자녀와 가족을 떠올리고 마음을 고쳐먹고 왜관공구 현장으로 돌아와서 어수선한 마음으로 서성이고 있을 때, 건설공사사무소 본부에서 연락이 왔다.

"11시에 건설부장관이 시찰하실 예정이니, 왜관공구 시점에 나와 대기해 주십시오."

공구 시점인 칠곡군 약목면 봉산동으로 나가니 한유록 소장도 같이 와 있었다. 박 소장은 피해 현장으로 이한림 장관 일행을 안내했다. 온통 물바다가 된 건설 현장 앞에서 아무도 입을 떼는 사람이 없었다.

"여느 때 같으면 '여기는 이렇게 뜯어고쳐라, 저기는 저렇게 변경 시공해라' 지시사항이 무더기로 쏟아져 나와 메모하기가 바쁠 지경이었죠. 그런데 이날은 처음부터 끝까지 말 한마디 없이 각자 한숨만 쉬는 모습이었어요."

피해 지역을 다 둘러본 이한림 장관이 별안간 박준규 소장의 어깨를 주먹으로 툭 내리치며 말했다.

"하느님이 인간을 시험하느라고 비를 내리시는 걸 우린들 어떡하겠나. 이건 시련이야. 박 소장, 너무 실망할 것 없어. 우리는 최선을 다한 거야. 하지만 개통식 날짜도 잡아 놓고 했으니, 긴급 복구작업을 서둘러야지."

격려 먼저, 지시 나중—'맹장' 이한림 장관이 평소답지 않게 '덕장'의 면모를 보이며 축 처진 분위기를 반전시켰다. 박준규 소장은 "지옥에서 부처님을 만난 듯한 광영감"이었다고 이때를 술회한다.

왜관공구 건설 현장은 그때부터 7월 7일로 예정된 개통식 전날 밤까지 사흘 동안 긴급복구를 위한 철야 작업이 진행됐다. 한유록 소장도 현지에 남아 독려했다.

그런데 그때는 왜관공구 시공 회사인 대한전척의 장비와 인원 일부가 이미 철수한 뒤였기 때문에 장비 조달 문제로 또 한 차례 고비를 맞는다. 가까운 대구 지역의 트럭들을 총동원했지만 그래도 부족했다. 한유록 소장이 나섰다.

"장관님! 도와주십시오. 장비가 부족합니다."

"알았어! 곧 연락하지."

자정 가까운 시각에 전화를 받은 '호랑이 장관'이 흔쾌히 도움의 손길을 내밀었다. 다음 날 새벽 6시에 대한통운의 화물자동차 30대가 복구 현장으로 몰려 들어왔다.

이제 자연과 인간의 한판 대결이 남았다. 허물어진 비탈면에 모래 가마니를 쌓고, 떠내려 온 잡동사니들을 밀어 치우고, 물에 쓸려 넘어진 구조물을 도로 세우고…. 시급하고도 벅찼던 피해 복구 작업은 개통식 전날인 7월 6일 밤에 깔끔하게 완료됐다. 사흘 동안 눈 한번 붙여 보지 못하고 개통식 행사에 참석한 박준규 소장을 비롯한 현장 사람들은 정신이 혼미한 상태에서 축제가 어떻게 진행되는지 신경 쓸 겨를 없이 몸만 간신히 가누며 버텼다.

제3부

번영의 길

1970 국토의 대동맥

1970년 7월 7일, 대전∼대구 구간 152.8킬로미터가 개통됨으로써 경부고속도로 428킬로미터 전 구간이 착공 1년 5개월여 만에 완전개통되었다. 앞줄 왼쪽 두 번째부터 이한림 건설부장관, 박정희 대통령, 육영수 여사, 이 장관 부인

국토의 대동맥

1970년 7월 7일, 마침내 대한민국의 수도 서울과 대양으로 이어지는 항구도시 부산이 하나로 이어진다. 경부고속도로 전 구간이 개통된 것이다. 1968년 2월 1일 서울 원지동에서 첫 삽을 뜬 이래 2년 5개월 만이다.

개통식이 열린 대구공설운동장에 박정희 대통령의 카랑카랑한 목소리가 울려 퍼진다.

"우리들의 오랜 꿈이요, 우리 민족의 숙원이던 경부간 고속도로의 완전 개통을 보게 된 것을 국민 여러분들과 더불어 경축해 마지않는 바입니다. 이 길은 총연장 428킬로미터로 우리나라의 이수로 따지면 천 리하고도 약 70리가 더 되는데, 장장 천 리 길을 이제부터는 자동차로 4시간 반이면 달릴 수 있게 됐습니다."

우리 돈, 우리 기술로

경부고속도로 428킬로미터 건설에 투입된 총 공사비는 429억 원. 킬로미터당 1억 원이 살짝 넘는 돈이다. 이 돈을 당시 100원짜리 지폐로 서울서부터 한 줄로 깔면 부산까지 75회 왕복할 수 있다.

경부고속도로는 다른 나라의 고속도로에 비해 훨씬 싼 값으로, 그리고 가장 짧은 시간에 완공했다. 경부고속도로보다 한 해 앞서 개통된 일본 도쿄~나고야 간 도메이고속도로는 총연장 347킬로미터로 경부고속도로보다 80여 킬로미터나 짧은데 총 공사비는 우리 돈으로 3천억 원 이상, 경부고속도로의 7배나 들었다. 킬로미터당으로는 거의 10억 원으로 경부고속도로의 열 배다. 공사 기간도 도메이고속도로는 7년이 걸렸는데, 그보다 긴 경부고속도로는 그 3분의 1 정도밖에 안 되는 기간에 완공했다.

가장 자랑스러운 것은 뭐니 뭐니 해도, 외국의 원조나 차관 한 푼 없이 이 예산 전부를 우리 국민들이 낸 세금으로 마련했다는 사실이다. 또한 외국 사람들의 기술 지도를 받지 않고 순전히 우리의 기술만 가지고 이뤄 냈다.

1970년 경부고속도로 전 구간 개통을 시작으로 호남고속도로 대전~전주 구간, 영동고속도로 수원~원주 구간이 이듬해까지 순차적으로 개통되며 우리나라 지역 간 교통 체계에 일대 변혁을 가져왔다. 고속도로가 중장거리 이동의 큰 축으로 떠오르면서 철도 이용이 상대적으로 점차 줄었다. 고속도로 시대의 개막으로 교통과 수송의 중심이 철도에서 도로로 전환된 것이다.

달이내(달래내)고개, 개통 직후(위)와 오늘

박정희, 민족의 저력을 시험하다

경부고속도로 건설에서 대통령이 차지하는 비중은 절대적이었다. 고속도로 건설 관련 부처에 전화를 할 때면 "나 건설부장관인데" 하고 농담을 즐겨 할 정도였다. 기획부터 건설 과정 내내, 그리고 개통까지 고속도로 최일선에는 항상 그가 있었다. 각 지역 도지사나 고속도로건설 추진위원장에게 전화를 걸어 어려운 점은 없는지, 민원은 없는지 등등을 직접 확인했다.

경부고속도로를 처음 시작할 때에는 수없이 많은 비판과 질타가 이어졌다. 우리의 재정으로, 우리의 기술로, 더욱이 그렇게 빨리 고속도로를 만든다는 것은 무모한 시도라는 주장이었다. 국내뿐 아니라 세계은행과 국제 민간 경제단체들도 같은 시각이었다. 호주 언론인 마이클 키언(Michael Keon)의 『불사조, 한국 잿더미에서 일어서다(Korean Phoenix: A Nation from the Ashes)』(1977)에서 "서울~부산 고속도로를 결심할 당시에는 국내외를 막론하고 고속도로를 건설해야겠다는 굳건한 신념을 가진 사람은 대통령 자신뿐이었다"고 전한다.

"불가능하다. 안 된다."

그렇다. 당시의 우리나라 형편에 고속도로 건설은 무모하고 불가능하다고 보는 게 오히려 정상적인 시각이었을지 모른다.

그러나 박정희는 달랐다. 남아메리카의 안데스산맥에서부터 소련의 시베리아에 이르기까지 세계의 모든 고속도로에 관한 기록을 수집하는 한편, 국내외의 전문가들로부터 보고서를 받아 연구에 몰두했다. 임시작업반으로 청와대에 파견단을 꾸리고 그들과 함께 지프로, 헬기로 고속도로 건설 예정지 곳곳을 누볐다. 그런 대통령을 옆에서 지켜본 이들 또한 '고속도로의 꿈'에 점점 깊이 빠져들었음은 물론이다.

"대통령은 무릎 위에 스케치북을 올려놓고 고속도로가 지나갈 위치나 인터체인지로 적당한 지점을 직접 그렸습니다."

대통령의 가슴은 국가 재건의 소명으로 불타고 있었다. 길로써, 특히 고속도로로써 그 소명을 이루려는 생각이었다. 그리고 경부고속도로라는 대역사를 기어이 해내고야 말았다. 당시 국력으로는 감히 엄두도 내지 못할 만큼 방대한 규모의 토목공사를 국내 재원으로, 국내 기술진만으로, 최단 기간 공사라는 기록을 남기면서 성사시켰다.

많은 사람들이 입을 모아 "고속도로는 아무나 만들 수 있는 것이 아니다"라고 한다. 박정희 대통령이 아니고서는 해낼 수 없는 대역사였다는 말이다.

"남들은 불가능하다고 봤습니다. 하지만 사전에 치밀한 계획과 여러 가지 구체적인 데이터를 갖고 있었고, 또 과학적인 검토와 분석에 의해서 충분히 할 수 있다는 자신을 가졌기 때문에 우리는 이 고속도로에 착수했던 것입니다. 많은 사람들이 무모하고 불가능하다는 이 428킬로미터의 고속도로를 우리의 공무원들과 우리나라의 건설업자들과 기술진, 노무자 등 모두가 심혈을 경주하고 전 정열을 쏟고 모든 기술을 총동원해서 불가능을 가능으로 만들었던 것입니다. 이 도로야말로 인간의 피와 땀과 의지의 결정으로써 이루어진 공사요, 우리 민족의 피와 땀과 의지로써 이루어진 하나의 민족적인 예술작

품이라고 나는 이야기하고 싶습니다.”

고속도로의 개통은 도로 부문의 획기적인 전환점이 됐을 뿐 아니라, 전 산업에 걸친 생산성 증대, 국민 생활 향상, 그리고 사회 안정까지 범국가적 기틀을 든든히 다지는 계기가 됐다. 그리고 그로 인해 국민 모두가 풍요로운 삶을 영위할 수 있게 됐음은 두말 할 나위가 없다.

더 중요한 것이 있다. 박정희 대통령은 경부고속도로를 건설해야 겠다고 생각한 이유를 이렇게 밝혔다.

“이 고속도로를 만들 때 경제적인 면과 물질적인 면보다도 더 중요한 목적을 하나 가지고 있었습니다. 그것은 뭐냐 하면 우리 국민들이 과연 얼마만 한 민족적인 저력을 가지고 있는가, 우리 국민이 얼마만 한 에너지를 가지고 있는가, 또 우리가 얼마만 한 기술을 가지고 있는가 하는, 우리 민족의 능력을 이 고속도로를 통해서 한번 시험해 보자 하는 것이 중요한 목적이었습니다.”

그의 말처럼 경부고속도로는 우리가 남 못지않게 무한한 저력을 가진 민족, 무한한 에너지와 강인한 의지를 가진 민족이라는 것을 실증해 냈다. 아무리 어려운 일이라도 ‘불가능은 없다’는 자신을 우리는 얻었던 것이다. 이러한 민족적인 자신을 얻었다는 것은 국가경제에 미치는 물질적인 효과보다도 더 중대한 의의가 있었다. 경부고속도로 건설을 통해 체득한 ‘할 수 있다’라는 ‘캔 두(can do) 스피릿’은 이후 대한민국을 잘사는 나라로 만드는 새마을운동의 정신으로 승화한다.

미래로 가는 고속도로

1968년 12월 21일 경인, 경수고속도로 개통식이 끝나고 기자들과 마주한 대통령은 그동안의 애로를 털어놓았다.

"그동안 대통령이 빨리 착공하라고 다그쳤기 때문에 건설부장관이 국회에서 '왜 법도 통과되기 전에 공사를 시작하느냐'고 호통을 받은 일도 많았습니다."

국회의원들을 상대하느라 곤욕을 치른 주원 건설부장관 얘기다. 그는 고속도로를 연구하는 학자 출신으로서 고속도로를 닦는 주무부서를 맡았다가 국회의원들로부터 집중공격을 받아야 했다. 주원 장관은 겉으로는 숙이면서도 정치인들에게 만만히 당하고만 있지 않은 그야말로 대통령의 분신으로서 남다른 배짱으로 겹겹으로 채워진 질곡을 앞장서서 벗겨 낸 용장(勇將)이었다.

"일본의 정객 나가이 류타로(永井柳太郎)의 책에 '자신이 있는 내용은 간단명료하게 답변하되, 그렇지 않은 것은 애매모호한 표현으로 질질 끌라'는 구절이 있습니다. 그렇다고 해서 이런 요령을 금과옥조로 삼아서 국회에서 써먹은 것은 아닙니다. 하지만 예산이 책정되기 이전에 공사를 먼저 시작한 것과 같은 '행정상의 하자'가 없는 것도 아니었기 때문에, 본의 아니게 동문서답 방식의 '시간 끌기 작전'으로 밀고나갔던 겁니다."

그러나 국회는 건설부장관을 매개로 삼았을 뿐이고, 화살은 결국 대통령을 겨냥하고 있었다.

처음부터 경부고속도로 건설에 반대하던 야당의 공세는 1970년

고속도로 개통 직전까지도 계속됐다.

"만약에 경부고속도로가 와우아파트같이 5층으로 올라간 건물이었더라면, 이것 역시 폭삭 무너지고 말았을 것입니다."

1970년 5월 16일, 제73회 임시국회 제5차 본회의에서 김대중 신민당 의원이 한 달여 전 4월 8일에 발생한 와우아파트 붕괴 사건에 빗대 경부고속도로를 헐뜯은 말이다. 그로부터 두 달도 안 돼 경부고속도로는 개통됐다.

그 이듬해 1971년에 제7대 대통령 선거(4월 27일)와 제8대 국회의원 총선거(5월 25일)가 연이어 치러졌다. 대통령 선거에서 신민당 김대중 후보를 누르고 3선에 성공한 박정희는 총선을 일주일 앞둔 5월 18일, 충북 음성 지원 유세에서 일갈한다.

"천당 가는 고속도로가 있다면 몰라도, 서 있는 고속도로가 세상에 어디 있습니까? 야당 사람들은 말을 만들어 가지고 억지를 씁니다."

그러나 박정희 대통령은 믿어 의심치 않았을 것이다. 무너질 일 없이 발 앞에 누운 저 고속도로야말로 국민을 풍요로운 미래로 데려가는 고속도로가 되리라는 것을.

나가며

더 길게, 더 넓게, 더 편하게

새로운 과제, 균형 발전

어제, 오늘 그리고 내일

시작은 '한라산의 기적'이었다

고요한 아침의 나라 한국은 고속도로와 함께 깨어났다(동해고속도로 옥계휴게소 부근).

새로운 과제, 균형 발전

　국가경제를 부강하게 하는 데 필수적인 사회간접자본이 고속도로
다. 고속도로는 산업 전반을 떠받치는 국토의 척추이자, 경제 흐름을
원활하게 하는 국가의 대동맥이다.

　부차적으로 발생하는 효과 또한 매우 다양하다. 무엇보다 물류 비
용과 운송 시간을 감축시켜 생산 원가를 낮추는 점이 눈에 들어온다.
여기에 생산성 향상, 경쟁력 강화, 관련 산업 육성, 기술 혁신, 물가 안
정, 도시화 촉진, 국토 이용 효율성 증진, 지역 격차 해소, 그리고 삶의
질 향상…. 고속도로의 효과는 다양하고 광범위하다.

　그 중심에 경부고속도로를 필두로 한 고속도로가 있다. 우리 자본
으로, 우리 기술로, 게다가 세계적으로 유례가 없는 가장 짧은 기간에
탄생한 경부고속도로는 이후 국가경제의 주축으로서, 국가 대동맥

으로서 확고부동하게 자리매김하게 된다.

고속도로는 1960년대 이전 '소극적 역할'에 급급해 온 교통 체제를 '국토의 골격'으로 전환시킨 일등공신이었다. 경인, 경부고속도로를 필두로 동으로 서로, 남으로 북으로 고속도로들이 쭉쭉 뻗어나가면서 전국이 일일생활권을 넘어 반나절 생활권으로 묶였다.

경부고속도로가 생기기 전인 1960년대까지 우리나라는 서울과 인천을 중심으로 하는 수도권과 부산·대구를 중심으로 하는 영남권에 모든 산업이 집중돼 있었다. 5·16 혁명정부가 내세운 국가 재건의 최우선 과제는 대도시 공업권 지방 분산, 대단위 공업단지 조성 등 산업 입지의 합리적인 재편성이었다. 제1차 경제개발 5개년계획 기간인 1962~66년까지 교통 부문 투자는 태백선·영동선 등의 산업철도와 서울을 중심으로 한 교외선 철도의 확충이 핵심이었다. 그랬던 것이 2차 5개년계획과 이를 뒷받침하기 위한 국토종합개발계획이 본격적으로 추진되면서 대변혁의 기회를 맞게 됐다. 1967년부터 1971년까지의 5년을 분수령으로 도로의 중요성이 커져, 오늘날 자동차는 경제 활동이나 일상생활에 필수불가결한 수단이 됐다. 고속도로는 이와 같은 자동차 시대에 국민의 일상생활과 국가의 경제 활동을 지원하는 가장 토대에 해당하는 사회간접자본이다.

경부고속도로가 개통된 직후인 1970년대 초는 모든 주요 중심지들이 고속도로로 연결되는 간선도로망의 확립기이자, 국토 공간이 부분적인 연계 체계에서 전국적인 연계 체계로 이행하는 기간이었다. 경인고속도로와 경부고속도로 개통에 이어 호남고속도로 일부 구간, 영동고속도로 일부 구간 등이 착착 착공, 준공되면서 우리나라의 교통 물류 체계 자체가 바뀐 것이다. 이 같은 교통 체계의 변화로 접근성이 크게 높아진 서울과 수도권의 도시들은 물론이고 지방의 산업도시들도 급속한 성장을 이루게 된다.

경부고속도로가 개통된 1970년대 이후에는 국도 포장 사업도 활발하게 진행되었고 전주~군산, 광주~목포, 포항~경주 등 전국의 간선도로망도 확충됐지만, 고속도로와 국도의 차이는 너무도 뚜렷했다. 고속도로의 덕을 본 지역은 성장이 확연한 반면, 고속도로가 지나지 않는 지방의 소도시들은 인구를 대도시로 빼앗기며 점차 쇠퇴해 갔다. 이에 따라 이후의 도로 정책은 '국토의 균형 개발'이라는 과제로 모아져, 지방 중소도시들을 연결하는 간선도로망이 많이 생겨났다.

또 다른 그늘도 있었다. 국가경제 발전과 국민소득 증가로 차량 수와 수송량 모두 폭발적으로 증가하여, 대부분의 구간에서 수송 능력이 포화상태에 도달했다. 특히 수도권 지역의 교통 지체 현상이 심각했다. 도로 혼잡은 도로 본래의 기능인 이동성을 떨어뜨리고, 과도한 운행 비용과 시간 비용은 국가경쟁력을 약화시킬 것이었다. 이를 근본적으로 해결할 수 있는 장기적인 도로 정책이 필요했다.

그래서 이후의 도로 정책은 전국 간선도로망과 지역 간 도로망 확충 등 전국을 포괄하는 고속·고급·대량 교통 수송에 필요한 도로망 형성에 방점이 찍혔고, 대도시권 교통량 분산 처리와 우회 처리를 위한 순환고속도로, 우회도로 등도 늘어났다.

경부고속도로 개통 1년 뒤인 1971년 7월, 드디어 장기적인 국가기간도로망 구축계획이 성안된다. 1972~81년까지 10년간을 계획 기간

호남고속도로 대전~전주 구간 개통 테이프를 자르는 박정희 대통령 내외(1970. 12. 30)

으로 하는 '국토종합개발계획'이 그것이다.

　국토종합개발계획은 모든 개발 사업의 상위 장기 계획이다. 그렇기 때문에 고속도로 건설 계획은 마땅히 국토종합개발계획이 완성된 다음에 짜였어야 마땅했다. 그런데 이상에서 보았듯 초기의 고속도로 건설은 국토종합개발계획이 확정되기도 전에 계획되고 추진되어 개통까지 보았다. 경부, 경인고속도로와 호남고속도로 대전~전주 구간이 이에 해당한다. 그만큼 우리의 경제 여건이 순서를 따질 계제가 못되었다.

어제, 오늘 그리고 내일

1960년대까지 우리나라에는 변변한 길이 없었다. 어쩌다 차라도 한 대 지나가면 뽀얀 먼지를 일으키곤 하는 그런 길뿐이었다. 부존자원도 없고 잘 양성된 인력도, 기술도, 장비도 없던 시절이었다. 잘살아보려면 도로와 같은 사회간접자본시설이 있어야 하는데, 의욕은 있었지만 도무지 어찌해 볼 수가 없었다. 고속도로와 같은 길이 있다는 사실조차도 알지 못했다.

1967년 4월, 마침내 경부고속도로 건설계획을 발표하고 착공을 위한 준비에 박차를 가한다. '한강의 기적'을 위한 거대한 용틀임이 시작된 것이다.

이듬해 1968년 2월 1일, 고속도로 건설을 위한 첫 발파음이 지축을 흔들면서 대한민국을 반만 년의 꿈에서 깨운다. 경부고속도로는 수많은 역경과 희생을 딛고 1970년 7월 7일 전 구간이 개통된다.

1970년대는 우리나라 고속도로의 큰 골격이 완성된 뜻깊은 시기였다. 경부고속도로 개통을 3개월 앞둔 1970년 4월 15일에는 대전(회덕)~전주를 잇는 79.5킬로미터의 호남고속도로가 착공되어 8개월여 만인 12월 30일 개통된다. 호남고속도로는 외국 자본을 투자하지 않고 순수 우리 자본으로 건설했고, 또 훗날 차로를 확장한다는 전제 아래 당시로서는 가장 경제적으로 건설했다는 평가를 받았다. 호남고속도로는 1972년 1월 전주~순천 구간이 착공되고 이듬해 11월 14일 완공됨으로써 251.8킬로미터의 초기 모습을 갖추게 된다.

서울과 영동 및 동해안을 잇는 고속도로 건설의 필요성은 경인고속도로 건설 당시부터 꾸준히 제기됐다. 이에 따라 1971년 3월 영동고속도로 신갈~새말 구간이 착공되어 12월 1일 개통됐고, 4년 7개월만인 1975년 10월에 나머지 새말~강릉 구간과 초기 동해고속도로(동해~강릉)가 동시에 완전 개통된다. 이로써 우리 한반도에는 큰대자의 고속도로망이 갖춰졌다.

1980년대가 되자 동서 화합과 1988년 개최될 서울올림픽이 화두로 등장했다. 그때까지 동서를 연결하는 고속도로는 남해고속도로(1973년 11월 개통)와 영동고속도로가 전부여서, 동서를 연결하는 고속도로를 추가로 건설할 필요가 절실했다.

또한 본격적인 마이카 시대가 개막되면서 고속도로는 또 한 번 비약적인 발전을 시도했다. 가장 눈에 띄는 것은 고속도로 교통 정보를 제공하기 시작했다는 것이다. 본격적으로 자동차가 보급되자 교통량 분산 등 교통 관리를 위해 교통정보방송을 설치한 것이다. 지금이야

(위) 영동고속도로 신갈～새말 구간 준공식(1975. 10. 14). 이날 테이프커팅에는 한 해 전 유명을 달리한 육영수 여사 대신 큰딸 박근혜가 함께했다.

(아래) 구마고속도로(대구～마산, 현 중부내륙고속도로) 준공 테이프를 끊고 업체 관계자들을 격려한 뒤 84.5km 전 구간을 시주했다(1977. 12. 17).

라디오뿐 아니라 TV, 인터넷, 휴대폰 등 다양한 매체를 통해 실시간으로 교통 정보가 제공되지만, 당시만 해도 라디오를 통해 교통 정보를 제공한다는 것은 획기적인 조치였다.

1990년대 들어서면서 정보통신 기술이 눈부시게 발전했다. 1인 1PC 시대에 정보통신은 특정 분야나 사람들의 전유물이 더 이상 아니게 됐다. 정보화에 발맞춰 하드웨어에 해당하는 고속도로 건설에 더욱 박차를 가하는 한편, 소프트웨어라 할 수 있는 다양한 시스템을 설치·운영함으로써 고속도로는 질적, 양적으로 발전을 이루었다. 서울외곽순환고속도로와 서해안고속도로 등 굵직굵직한 고속도로를 잇따라 건설해 교통난을 해소하고, 고속도로를 따라 초고속 광통신망을 설치해 체계적인 고속도로 교통 관리 시스템을 운영할 수 있게 됐다. 고속도로 통행료 징수 기계화 시스템(TCS)과 논스톱 요금 징수 설비(NTCS) 등이 그 결실이다.

남북으로 길게 뻗은 한반도의 형태로 인해 1990년대까지는 주로 종축을 중심으로 건설되던 고속도로는 2000년대 들어 추가적인 종축 노선 건설과 함께 동서 횡축의 고속도로를 건설하는 데 많은 힘을 기울이게 됐다. 국가 대동맥인 고속도로를 바둑판식으로 종횡으로 연결해 그동안 소외됐던 지역까지 고속도로 접근성을 높여 지역 발전의 숨통을 틔웠다.

우리나라는 2006년에 마침내 고속도로 3천 킬로미터 시대를 열었다. 장성~담양, 부산~대구, 서울외곽(일산~퇴계원) 등 3개 고속도로 138킬로미터가 이해에 개통되면서 고속도로 총연장이 3,106.3킬로미터가 된 것이다. '고속도로 1호' 경부고속도로가 탄생한 1970년으로부터 36년 만에 이룬 쾌거였다.

2010년대에는 막대한 자금과 기간이 소요되는 건설사업의 한계를 극복하고 기존 도로의 효율을 극대화하기 위해 기존의 고속도로에 최첨단 정보통신 기술을 접목하는 '고속도로 지능화' 사업이 본격적으로 추진됐다. 고속도로 22개 노선 2,626킬로와 고속도로 우회 국도 561킬로미터에 첨단 지능형 교통 체계(ITS)를 구축하고, 중부내륙선 북상주~충주 등 3개 노선 174.3킬로미터에 교통 관리 시스템을 구축하고, 고속도로 우회 국도 5개 노선 242킬로미터에 ITS를 구축했다. 요금 징수 제도도 획기적으로 개선되어, 달리는 차 안에서 무선 또는 적외선 통신으로 통행료를 지불하는 최첨단 하이패스를 비롯한 전자지불 시스템이 도입되었다.

이와 함께 지속적으로 고속도로 건설을 추진한 결과, 2012년 4월 27일 남해고속도로 목포~광양 구간이 완공되면서 고속도로 4천 킬로미터 시대가 활짝 열렸다.

2020년대의 고속도로는 상습 지체·정체 구간인 톨게이트의 교통 수용 능력을 높일 수 있는 무정차 요금 지불 시스템을 확충하는 등 보다 안전하고 편하고 빠르게 다닐 수 있는 고속도로가 되도록 하는 데 역점을 두고 있다. ITS 같은 첨단 교통 기술을 고속도로에 접목하는 사업이 활발하게 추진되고 있으며, 시속 160킬로미터 속도로 달릴 수 있는 스마트 하이웨이, 최첨단 건축 기술이 집대성된 초장대 교량 건설에도 매진해 세계 최고의 경쟁력을 갖추며 기술력을 뽐내고 있다. 국가 성장 동력인 고속도로가 제 역할을 다할 수 있도록 최첨단 기술 개발 등 다각적인 노력과 함께, 고속도로 건설 계획 단계에서부터 환경 친화적인 도로 건설에도 많은 노력을 기울여 나가고 있다.

아울러 국가간선도로망 구축계획을 토대로 지속적인 고속도로 건설을 추진해, 현재 진행 또는 추진중인 안산~인천(수도권제2순환고속도로), 새만금~전주, 제천~영월, 성주~대구, 공주~청주 등의 국가간선도로망 구축계획이 마무리되면 고속도로 총연장 5천 킬로미터 시대에 들어서게 된다. 전국 어느 곳에서나 30분 이내에 고속도로로 진입하여 수시간 내에 전국 어느 곳으로든 갈 수 있는 명실상부한 '반일 생활권'이 실현되는 것이다.

시작은 '한라산의 기적'이었다

51년 전, 경부고속도로가 개통된 1970년 7월 7일은 대한민국을 장차 세계 10위권의 경제 대국으로 발돋움하게 할 수송혁명의 문이 열린 날이다.

경부고속도로는 어느 한 사람의 작품이 아니다. 공무원, 기업인, 군인, 부녀자, 그야말로 남녀노소 모든 국민이 피와 땀과 눈물로 함께 써내려 간 한 편의 대서사시다. 경부고속도로와 함께 조용한 아침의 나라 대한민국은 깨어났다.

그 자랑스러운 우리의 길, 고속도로는 어디서부터 어떻게 시작됐을까?

우리나라의 고속도로에 대한 이제까지의 기록들은 한결같이 독일의 아우토반에서 그 단초를 찾고 있다. 박정희 대통령이 1964년 12

월 6일부터 일주일 동안 뤼브케 대통령의 초청으로 서독을 방문했을 때 아우토반을 보고 나서 고속도로를 생각해 냈다는 것이다. 입에서 입으로 전해지는 이야기들도 대동소이해, 박정희가 아우토반을 실제로 주행해 보고 나서 세계 각국으로부터 시설 조사, 재원 조달, 건설 효과 등 고속도로에 관한 각종 정보를 수집해 연구에 들어갔다는 식이다.

독일의 아우토반이 박정희가 구상한 고속도로의 모델이 된 것은 사실이다. 하지만 그가 고속도로를 마음에 둔 것은 서독을 방문하고 아우토반을 실제로 달려 본 것보다 3년 이상 빨랐다.

우선, 서독 방문 한 해 전인 1963년 10월 제주 5·16도로가 개통됐다는 사실을 염두에 둬야 한다. 5·16도로는 그 한 해 전 1962년 착공됐는데, 제주도에 근대식 도로를 낸다는 구상은 이 책 제1부에서 밝혔듯이 박정희가 국가재건최고회의 의장 시절 1961년 9월 8일 처음으로 제주도를 찾은 때부터 구체화됐다. 그해 9월 21일 동부두~비행장 구간 2.4킬로미터 도로포장공사 착공, 12월 30일 동부두~서문교 구간 도로포장 준공, 1962년 3월 24일 제주~서귀포 횡단도로(5·16도로) 43킬로미터 도로포장 착공 등 일련의 도로공사가 숨 가쁘게 진행됐다.

1962년 5월 24일 두 번째로 제주도를 찾은 박정희는 목장과 어촌을 두루 둘러보고, 돌아오는 길에는 태평양으로 항로를 잇는 어업 전진기지를 세우겠다는 약속을 내놓았다. 그리고 1963년 6월 2일 세 번째 방문길에는 제주~서귀포 횡단도로 포장공사 현장을 찾아가서는 모든 행정력을 집중해 조기에 완공하라는 지시를 내렸다. 이 모든 행보가 '길을 여는 일'에 집중돼 있었다.

8월 29일 육군 대장으로 예편한 박정희 의장은 10월 11일 거행된 횡단도로 개통식에서, 조성근 건설부장관이 대독한 치사를 통해 제주도민을 향해 묵직한 약속을 내놓았다.

"서독은 '아우토반'을 건설해서 일찍이 '라인강의 기적'을 이뤘습니다. 제주도는 횡단도로 개통을 계기로 '한라산의 기적'을 이룩하게 될 것입니다."

그 '한라산의 기적' 약속은 5·16도로를 통해 이뤄 냈고, 한라산의 기적은 한강의 기적으로 이어졌다. 그리고 한강의 기적은 경부고속도로를 통해 가능했다는 데 이의를 제기할 사람은 없을 것이다. 박정희는 서독 방문 전에 아우토반을 생각했고, 한국판 아우토반인 경부고속도로를 만들기 전에 제주에서 근대적 도로를 시험하고, 이곳에서의 성공을 통해 확신을 갖게 됐다. 서독을 방문했을 때 에르하르트 총리의 충심 어린 조언과 아우토반 시주는 이미 갖고 있던 그 믿음을 재확인하는 기회라고 보아야 맞다. 경부고속도로라는 '도로혁명'의 기원은 1961년의 '한라산의 기적'이다.

박정희 대통령이 처음으로 고속도로 건설 계획을 공표한 것은 1967년 4월 29일, 제6대 대통령 선거를 위한 장충단공원 유세에서다. 한편으로 고속도로·철도·항만이라는 교통·물류망, 다른 한편 한강·낙동강·금강·영산강의 4대강을 아우르는 '대국토 건설계획'을 제2차 경제개발 5개년계획의 핵심 사업으로 선언한 것이다.

박정희의 고속도로 대장정은 대한민국의 중심 서울과 대양으로 이

(위) 추풍령휴게소에 세워진 경부고속도로 개통 기념탑(1970)

(아래) 경부고속도로 준공 50주년인 2020년 7월 7일에 세운 기념비와, 건설에 참여한 530명의 이름을 새긴 명패석. 그러나 기념비에도 명패석에도 박정희 대통령의 이름은 없다.

어지는 항구도시 부산을 잇는 경부고속도로로부터 시작됐다. 1968
년 2월 1일부터 1970년 7월 7일까지 2년 5개월 동안 숱한 난관을 극
복하고 세상에 첫선을 보인 경부고속도로는 이후 대한민국의 전역
을 사통팔달로 잇고 정치·경제·사회·문화의 숨길이 돼 대한민국을
세계 10대 경제 대국으로 이끄는 일등공신이 됐다.

 박정희가 꿈꾸고 실현한 고속도로의 여정은 지금 이 시간에도 더
길게, 더 넓게 끊임없이 이어지고 있다.

건설교통부 엮음,『한국의 길』(2013).

박정희,『우리 민족의 나갈 길』(1962. 영인/평설 기파랑, 2017).

_____,『국가와 혁명과 나』(1963. 영인/평설 기파랑, 2017).

_____,『민족중흥의 길』(1978. 영인/평설 기파랑, 2017).

박정희 대통령 어록과 사진자료(대통령기록관, 2019).

백영훈,『위대한 한국시대를 위하여: 미래는 오늘에 있다』(말과창조사, 2008).

안경모,『지도를 바꾸고 역사를 만들며』(한국수자원공사, 2004).

윤영호,『역사적인 고속도로, 그 현장에 서다: Highway Star』(대양미디어, 2006).

이한림,『세기의 격랑: 회상록』(팔복원, 1994).

정재경,『한민족의 중흥사상: 박정희대통령의 정치철학』(신라출판사, 1979).

한국도로공사 엮음,『땀과 눈물의 대서사시: 고속도로건설 비화』(1980).

_____,『한국도로공사 30년사』(1999).

_____,『열어온 길 열어갈 길(한국도로공사 40년사)』(2009).

'왜 이런 삶을 선택했을까?'

그의 생애를 깊이 들여다보는 내내 이 물음이 머릿속을 떠나지 않았다. 교육자의 길로 들어섰으면 제자들의 해맑은 웃음소리를 들으며 유유자적 살았으면 될 일이고, 군인의 길로 돌아섰으면 사내들의 우렁찬 함성에 묻혀 패기 있는 삶을 살았으면 될 터인데….

1961년 5월 16일, 그는 초생의 틀을 박차고 험난하고도 모진 세상으로 성큼 나와 포효한다. 왜 그랬을까…. 그의 내면 모두에 대해 속속들이 들여다볼 수는 없는 일이었고, 이렇게 저렇게 전해 내려오는 이야기 몇 토막에서 그 단초를 찾아냈다.

1960년 이른 봄, 당시 부산군수기지사령관으로 있던 박정희에게 불청객이 찾아온다. 3월 15일에 치러질 정부통령 선거와 관련해 '윗선'의 지시를 전하려 한다는 그의 입에서는 참으로 듣기 불편한, 받아들이기 힘든 말이 흘러나온다. 이때 그의 대답은 단호하고도 명료했다.

"난 그런 짓 못 해! 부하들을 지휘하고 감독해야 할 책임자인 내가 어떻게 그런 부정을 시키겠는가!"

또 하나의 일화도 있다. 대만 정부의 초청을 받아 출국 인사를 하던 즈음이었다. 당시 옛날 옛적의 세도정치를 자행하며 위세 부리던 '서대문 경무대' 이기붕 국회의장의 집으로 안내된 일이 있었다. 그러자 그는 몹시 못마땅한 표정으로 일갈한다.

"대통령은 군의 통수권자이니 우리가 마땅히 출국 인사를 해야겠지만, 국회의장이 군대와 무슨 관련이 있다는 말인가? 제대로 일어나서지도 못하는 고목 같은 사람이 무슨 정치를 해! 팔팔한 나무를 심어도 꽃이 필까 말까 하는 메마른 땅인데!"

주위에 있던 사람들이 당황한 표정으로 허둥대며 그를 만류하고 나서자, 카랑카랑한 쇳소리가 이어진다.

"내가 군복을 벗으면 될 게 아니냐!"

그리고 어쩌면 그의 생애를 결정적으로 갈랐을지도 모를 일이 생긴다. 제2군 부사령관으로 재임하던 어느 날, 대구에서 선산으로 가는 도중에 유랑민 한 무리가 처참한 모습으로 길가에 맥없이 주저앉아 있는 광경을 목격한다. 서둘러 지프를 세우게 하고 그 무리 곁으로 다가간 그는 더없이 큰 충격을 받는다. 그들의 행색이 차마 눈을 뜨고 볼 수 없는 처참한 지경이었기 때문이다. 굶주린 아이의 커다란 눈은 생기를 잃은 채 허공을 헤매고 있었고, 남루한 옷섶 사이로 휜히 들어난 가슴팍은 메마른 나뭇가지처럼 앙상했다. 그리고 부모의 눈은 두려움과 원망으로 가득 차 있었다. 순간, 그는 피가 거꾸로 솟구치는 분노를 느낀다.

"우리가 언제까지나 이렇게 살아야 하는가? 그리고 저 어린아이에게 무슨 죄가 있다는 말인가? 이래도 이 나라 정치인들은 권력욕에만 눈이 어둡고, 감투 싸움으로 세월만 보낼 작정인가? 아니다! 이 나라 정치인들의 버릇을 고쳐 놓아야 한다! 우리도 남의 도움 없이 살 수 있는 나라를 만들어야 한다."

그는 이렇게 부정과 부패로 썩어 문드러진 자유당 말기의 비극적인 정치 상황에 격분한다. 그리고 어쩌면 애초부터 그에게 주어졌을지도 모를 '천명'을 기꺼이 받아들인다.

흔히들 지도자의 길은 외롭다고 말한다. 아마도 절체절명의 위기가 수시로 닥쳐오기 때문에 강인한 정신력, 현명한 예지력, 과감한 결단력을 겸비하지 못하면 곧바로 나락으로 밀려 떨어지기 때문일 것이다. 찰나의 시간마저 방심이 허락되지 않는 냉엄한 자리, 바로 그곳에 지도자가 서 있다. 어느 때는 누구에게 도움을 요청하거나 하소연할 곳도, 그럴 겨를도 없이 외로운 싸움을 부단히 이어 가야 하는 경우가 허다하다. 더욱이 수백만, 수천만 명, 때로는 수억 명의 삶과 직결된 결정을 내려야만 하는 절체절명의 순간과 수시로 마주하게 된다. 그렇다고 포기할 수도 없는, 그런 혹독한 시련을 견뎌 내야만 하는 책무가 지도자에게 주어져 있다.

필자는 동서고금 세계 역사를 통틀어 나라를 위해 가장 고민이 많았던, 국민을 위해 가장 치열하게 살았던 지도자로 박정희를 꼽는다. 왜? 그가 걸어온 발자취를 더듬어 오르고, 그가 이룬 성과들을 꼼꼼히 들여다보라. 넓게 보면 볼수록, 깊이 알면 알수록 필자와 같은 생각은 더욱 확고해질 것이다. 그는 목숨 걸고 조국과 민족을 사랑했다. 여건을 탓하지 않고 언제나 변함없이 한 걸음 한 걸음, 앞으로 앞으로 나아갔다.

그의 속내를 꼼꼼히 들여다보면 '참으로 옹골차다'는 생각이 절로 든다. 숨김없이 솔직하고, 아낌없이 모두 내준다. 하지만 옳다고 판단되거나 기회라고 판단이 섰을 때에는 황소처럼 물소처럼 저돌적으로 몰아붙인다. 그리고는 그 목표를 반드시 이뤄 내고야 만다. 때로는 순진한, 때로는 투박한 그의 삶에서는 시골 노총각의 순정과도 같은 향취도 느껴진다. 조국과 민족이 위기에 처한 순간에 홀연히 나타나서 처절한 희생으로 희망을 그려 낸 지도자, 세계가 우러르는 지도자, 그가 박정희다.

그런데 어찌된 영문인지, 그의 발자취가 허투루 폄훼되고 나날이 흐려지고 있다. 필자는 참으로 궁금하다. 폄훼하려는 이들, 흐리려는 이들은 박정희에 대해 얼마나 알고 있는지. 그리고 어느 모습을 봤기에, 어느 기록을 읽었기에, 어떤 얘기를 들었기에 그러는지.

글을 맺으며 거듭거듭 되뇌어도 언제나 가슴을 먹먹하게 하는 박정희 대통령의 편린들을 잇는다. 부디 필자만의 마음이 아니길 간절히 바라며.

"한 민족의 위대한 발전은 항상 그 시의에 알맞은 결단과 용기에서 이룩되는 것이며, 정의를 숭상하고 용기 있는 민족은 항상 어떠한 역경도 이를 극복하고 마는 것이다. 그리고 한 사회가 발전하고 한 민족이 중흥을 이룩하기 위해서는 자기를 희생해 사회에 봉사할 줄 아는 사람이 많아야 한다는 것은 두말 할 나위가 없다. 아울러 사회 발전의 저력을 이루는 것은 미래와 현실에 대한 긍정적인 태도이다. 비관과 부정이 앞서는 현실감각은 예상한 대로의 어두운 미래를 자초하기 마련이며, 희망과 긍정이 앞서는 정신적 자세는 예기한 대로의 밝은 미래에 직결되기 마련이다. 모든 것을 비관적으로만 보려는 선입견을 앞세운다면, 우리에게는 희망이나 밝은 내일이 있을 수 없는 것이다."

"남들은 이미 전쟁이 남기고 간 폐허 위에 번영을 이룩하고 또 거친 사막을 개척해 그 위에다가 풍요한 사회를 건설했습니다. 그런데 우리는 이 소중한 지난 20년 동안 과연 무엇을 했는가를 돌이켜 볼 때, 뼈저린 반성과 자책의 심회를 누를 길 없습니다. 우리는 놀고 있을 때에 그들은 땀을 흘렸고, 우리가 소비할 때에 그들은 저축을 했으며, 우리가 내일을 잊고 오늘만을 생각할 때에 그들은 오늘을 굶주리며 내일을 걱정했습니다. 이제는 그들이 웃을 때 우리는 수심에 잠겨야 하고, 그들이 번영 속에 삶의 보람을 느낄 때 우리는 아직도 가난을 걱정하지 않을 수 없게 됐습니다. 그러나 결코 때가 늦은 것은 아닙니다. 국민 모두가 자립에의 굳센 의지와 불굴하는 용기로써 일터로 나가며, 있는 것은 아끼고 보다 많이 만들고 더욱 더 벌어들인다면 머지않아 우리도 지난 20년의 무위를 회복할 수 있습니다. 이제부터는 우리도 이를 악물고 땀 흘려 일을 해야 하겠습니다. 혼란과 답보 속에 덧없이 흘러간 지난 20년의 묵은 때를 벗고 진정 일다운 일을, 뜻있는 일을 시작해야 하겠습니다."

경부고속도로 건설 일지

1967년

12. 15	국가기간고속도로 건설계획조사단 제1차 전체회의
12. 19	국가기간고속도로건설 추진위원회 제1차 회의
12. 24	박정희 대통령, 추진위 상황실 방문

1968년

1. 10	대통령 현지답사, 전체 공정 검토
1. 17	전체 공정 검토 및 확정, 총공사비 내정(30억 원)
2. 1	**경부고속도로 기공식**(서울~오산 45.5km 착공)
3. 2	대통령, 공사 현장 순시(공병 작업 구간)
3. 4	서울부산간고속도로 건설공사사무소 규정(건설부 훈령)
4. 3	오산~천안 38.1km, 천안~대전 68.8km 착공 안청천교, 진위천교, 병천 1·2교 기공식(경기 안성군 공도면 불당리)
4. 5	대통령, 공사 현장 시찰(전 공구)
4. 11	서울부산간고속도로 건설을 위한 외국인 기술지원 용역 계약
4. 23	일본 고속도로 건설공사 및 중기 관리 현황 시찰단 출발
4. 25	대통령, 건설공사사무소 순시, 대구~부산 노선 확정
5. 21	대통녕, 현장 시찰(서울~오산 진 구간)
6. 20	대통령, 현장 시찰
7. 15	달이내고개 군 합동공사 준공식
7. 25	대통령, 현장 헬기 시찰(서울~수원)

8.	7	대통령, 현장 시찰(제1공구~달이내고개 군 공구)
9.	11	대구~부산 122.8km 기공식
10.	4	대통령, 현장 시찰(수원4공구)
10.	10	서독 지멘스 통신사 기술자 2명 합류
10.	18	대통령, 현장 시찰(제1공구)
10.	28	자유중국(대만) 건설 분야 시찰단 내방
11.	3	육영수 여사, 현장 시찰(수원공구)
11.	7	일본 해외경제협력기금 총재 내방
11.	16	대통령, 현장 시찰(제1공구~제4공구~수원)
11.	27	민간 차량 시험운전(서울~신갈리)
11.	29	경인고속도로 일본인 용역기술단 현장 방문
12.	2	대통령, 현장 시찰(천안공구, 대전공구)
12.	5	전투기 이착륙 시험비행(F5A, F86)
12.	21	경인고속도로 양평동~가좌 23.4km, 경부고속도로 서울~수원 24km 개통식(영등포구 당중국민학교)
12.	30	수원~오산 21.5km 개통

1969년

1.	14	대전~대구 152.8km 착공
1.	19	대통령, 현장 시찰(오산)
1.	30	고속도로 건설계획 수정을 위한 1~3차 회의
2.	15	한국도로공사 발족(초대 사장 송정범)
3.	3	대통령, 현장 시찰(대전공구, 천안공구)
3.	20	대통령, 서울부산간고속도로 건설 촉진을 위한 정부 및 시공업자 연석회의 주재
5.	17	대통령, 현장 시찰(천안공구)
6.	5	대통령, 현장 시찰(언양공구)
6.	19	베트남 건설부 행정차관·도로국장 현장 방문
8.	22	대전육교 붕괴사고(사망 1, 중상 1, 경상 15)

9.	9	당재터널 낙반사고(사망 4, 중상 1)
9.	17	당재터널 폭발사고(사망 3, 중상 1)
9.	29	오산~천안 38.1km 개통
10.	15	옥천군 금북면 증약리 현장 작업 트럭과 열차 충돌 사고 (부상 5)
10.	23	자유중국 시찰단, 건설공사사무소 방문
11.	17	미8군 공병부장, 건설공사사무소 방문
11.	22	대통령, 현장 시찰(부산~대구)
11.	23	대통령, 현장 시찰(대전~서울)
12.	1	국회 국정감사(대전공구사무소)
12.	10	천안~대전 68.8km 개통
12.	29	대구~부산 122.8km 개통

1970년

1.	13	허필은 건설공사사무소장, 한국도로공사 제2대 사장 부임 (~1971. 1. 12)
1.	14	한유록 소장 부임
1.	28	영동군 황간면 노근리 철도육교 PC빔 추락 사고
7.	7	대전~대구 152.8km 개통, 경부고속도로 428km 전 구간 개통식(대구공설운동장)

1979년

10.	26	박정희 대통령 서거

2020년

7.	7	경부고속도로 준공 50주년

길에서 길을 찾다

박정희와 고속도로

초판 1쇄 발행 2021년 3월 22일

지은이 금수재
펴낸이 안병훈
펴낸곳 도서출판 기파랑
등 록 2004. 12. 27 제300-2004-204호
주 소 서울시 종로구 대학로8가길 56 동숭빌딩 301호 우편번호 03086
전 화 02-763-8996(편집부) 02-3288-0077(영업마케팅부)
팩 스 02-763-8936
이메일 info@guiparang.com
홈페이지 www.guiparang.com
© 금수재, 2021

ISBN 978-89-6523-594-1 03900